I0177013

AFRIKAANS
VOCABULAIRE

FRANÇAIS
AFRIKAANS

Les mots les plus utiles
Pour enrichir votre vocabulaire et aiguiser
vos compétences linguistiques

3000 mots

Vocabulaire Français-Afrikaans pour l'autoformation. 3000 mots
Par Andrey Taranov

Les dictionnaires T&P Books ont pour but de vous aider à apprendre, à mémoriser et à réviser votre vocabulaire en langue étrangère. Ce dictionnaire thématique couvre tous les grands domaines du quotidien: l'économie, les sciences, la culture, etc ...

Acquérir du vocabulaire avec les dictionnaires thématiques T&P Books vous offre les avantages suivants:

- Les données d'origine sont regroupées de manière cohérente, ce qui vous permet une mémorisation lexicale optimale
- La présentation conjointe de mots ayant la même racine vous permet de mémoriser des groupes sémantiques entiers (plutôt que des mots isolés)
- Les sous-groupes sémantiques vous permettent d'associer les mots entre eux de manière logique, ce qui facilite votre consolidation du vocabulaire
- Votre maîtrise de la langue peut être évaluée en fonction du nombre de mots acquis

T&P Books Publishing
www.tpbooks.com

ISBN: 978-1-78716-490-1

Ce livre existe également en format électronique.
Pour plus d'informations, veuillez consulter notre site: www.tpbooks.com ou rendez-vous sur ceux des grandes librairies en ligne.

VOCABULAIRE AFRIKAANS POUR L'AUTOFORMATION
Dictionnaire thématique

Les dictionnaires T&P Books ont pour but de vous aider à apprendre, à mémoriser et à réviser votre vocabulaire en langue étrangère. Ce lexique présente, de façon thématique, plus de 3000 mots les plus fréquents de la langue.

- Ce livre comporte les mots les plus couramment utilisés
- Son usage est recommandé en complément de l'étude de toute autre méthode de langue
- Il répond à la fois aux besoins des débutants et à ceux des étudiants en langues étrangères de niveau avancé
- Il est idéal pour un usage quotidien, des séances de révision ponctuelles et des tests d'auto-évaluation
- Il vous permet de tester votre niveau de vocabulaire

Spécificités de ce dictionnaire thématique:

- Les mots sont présentés de manière sémantique, et non alphabétique
- Ils sont répartis en trois colonnes pour faciliter la révision et l'auto-évaluation
- Les groupes sémantiques sont divisés en sous-groupes pour favoriser l'apprentissage
- Ce lexique donne une transcription simple et pratique de chaque mot en langue étrangère

Ce dictionnaire comporte 101 thèmes, dont:

les notions fondamentales, les nombres, les couleurs, les mois et les saisons, les unités de mesure, les vêtements et les accessoires, les aliments et la nutrition, le restaurant, la famille et les liens de parenté, le caractère et la personnalité, les sentiments et les émotions, les maladies, la ville et la cité, le tourisme, le shopping, l'argent, la maison, le foyer, le bureau, la vie de bureau, l'import-export, le marketing, la recherche d'emploi, les sports, l'éducation, l'informatique, l'Internet, les outils, la nature, les différents pays du monde, les nationalités, et bien d'autres encore …

TABLE DES MATIÈRES

GUIDE DE PRONONCIATION

Alphabet phonétique T&P	Exemple en afrikaans	Exemple en français
[a]	land	classe
[ã]	straat	camarade
[æ]	hout	maire
[o], [ɔ]	Australië	normal
[e]	metaal	équipe
[ɛ]	aanlê	faire
[ə]	filter	record
[ɪ]	uur	capital
[i]	billik	stylo
[ï]	naïef	liste
[o]	koppie	normal
[ø]	akteur	peu profond
[œ]	fluit	neuf
[u]	hulle	boulevard
[ʊ]	hout	groupe
[b]	bakker	bureau
[d]	donder	document
[f]	navraag	formule
[g]	burger	gris
[h]	driehoek	[h] aspiré
[j]	byvoeg	maillot
[k]	kamera	bocal
[l]	loon	vélo
[m]	môre	minéral
[n]	neef	ananas
[p]	pyp	panama
[r]	rigting	racine, rouge
[s]	oplos	syndicat
[t]	lood, tenk	tennis
[v]	bewaar	rivière
[w]	oorwinnaar	iguane
[z]	zoem	gazeuse
[dʒ]	enjin	adjoint
[ʃ]	artisjok	chariot
[ŋ]	kans	parking
[tʃ]	tjek	match
[ʒ]	beige	jeunesse
[x]	agent	scots - nicht, allemand - Dach

8

ABRÉVIATIONS
employées dans ce livre

Abréviations en français

adj	-	adjective
adv	-	adverbe
anim.	-	animé
conj	-	conjonction
dénombr.	-	dénombrable
etc.	-	et cetera
f	-	nom féminin
f pl	-	féminin pluriel
fam.	-	familiar
fem.	-	féminin
form.	-	formal
inanim.	-	inanimé
indénombr.	-	indénombrable
m	-	nom masculin
m pl	-	masculin pluriel
m, f	-	masculin, féminin
masc.	-	masculin
math	-	mathematics
mil.	-	militaire
pl	-	pluriel
prep	-	préposition
pron	-	pronom
qch	-	quelque chose
qn	-	quelqu'un
sing.	-	singulier
v aux	-	verbe auxiliaire
v imp	-	verbe impersonnel
vi	-	verbe intransitif
vi, vt	-	verbe intransitif, transitif
vp	-	verbe pronominal
vt	-	verbe transitif

CONCEPTS DE BASE

1. Les pronoms

| je | ek, my | [ɛk], [maj] |
| tu | jy | [jaj] |

il	hy	[haj]
elle	sy	[saj]
ça	dit	[dit]

nous	ons	[ɔŋs]
vous	julle	[jullə]
vous (form., sing.)	u	[u]
vous (form., pl)	u	[u]
ils, elles	hulle	[hullə]

2. Adresser des vœux. Se dire bonjour

Bonjour! (fam.)	Hallo!	[hallo!]
Bonjour! (form.)	Hallo!	[hallo!]
Bonjour! (le matin)	Goeie môre!	[χuje mɔrə!]
Bonjour! (après-midi)	Goeiemiddag!	[χuje·middaχ!]
Bonsoir!	Goeienaand!	[χuje·nãnt!]

dire bonjour	dagsê	[daχsɛ:]
Salut!	Hallo!	[hallo!]
salut (m)	groet	[χrut]
saluer (vt)	groet	[χrut]
Comment ça va?	Hoe gaan dit?	[hu χãn dit?]
Comment allez-vous?	Hoe gaan dit?	[hu χãn dit?]
Quoi de neuf?	Hoe gaan dit?	[hu χãn dit?]

Au revoir! (form.)	Totsiens!	[totsiŋs!]
Au revoir! (fam.)	Koebaai!	[kubãi!]
À bientôt!	Totsiens!	[totsiŋs!]
Adieu!	Totsiens!	[totsiŋs!]
Adieu! (fam.)	Mooi loop!	[moj loəp!]
Adieu! (form.)	Vaarwel!	[fãrwel!]
dire au revoir	afskeid neem	[afskæjt neəm]
Salut! (À bientôt!)	Koebaai!	[kubãi!]

Merci!	Dankie!	[danki!]
Merci beaucoup!	Baie dankie!	[baje danki!]
Je vous en prie	Plesier	[plesir]
Il n'y a pas de quoi	Plesier!	[plesir!]
Pas de quoi	Plesier	[plesir]
Excuse-moi!	Ekskuus!	[ɛkskɪs!]

| Excusez-moi! | Verskoon my! | [ferskoən maj!] |
| excuser (vt) | verskoon | [ferskoən] |

s'excuser (vp)	verskoning vra	[ferskoniŋ fra]
Mes excuses	Verskoning	[ferskoniŋ]
Pardonnez-moi!	Ek is jammer!	[ɛk is jammər!]
pardonner (vt)	vergewe	[ferχevə]
C'est pas grave	Maak nie saak nie!	[māk ni sāk ni!]
s'il vous plaît	asseblief	[asseblif]

N'oubliez pas!	Vergeet dit nie!	[ferχeət dit ni!]
Bien sûr!	Beslis!	[beslis!]
Bien sûr que non!	Natuurlik nie!	[natɪrlik ni!]
D'accord!	OK!	[okej!]
Ça suffit!	Dis genoeg!	[dis χenuχ!]

3. Les questions

Qui?	Wie?	[vi?]
Quoi?	Wat?	[vat?]
Où? (~ es-tu?)	Waar?	[vār?]
Où? (~ vas-tu?)	Waarheen?	[vārheən?]
D'où?	Waarvandaan?	[vārfandān?]
Quand?	Wanneer?	[vanneər?]
Pourquoi? (~ es-tu venu?)	Hoekom?	[hukom?]
Pourquoi? (~ t'es pâle?)	Hoekom?	[hukom?]

À quoi bon?	Vir wat?	[fir vat?]
Comment?	Hoe?	[hu?]
Quel? (à ~ prix?)	Watter?	[vattər?]
Lequel?	Watter een?	[vattər eən?]

À qui? (pour qui?)	Vir wie?	[fir vi?]
De qui?	Oor wie?	[oər vi?]
De quoi?	Oor wat?	[oər vat?]
Avec qui?	Met wie?	[met vi?]
Combien?	Hoeveel?	[hufeəl?]

4. Les prépositions

avec (~ toi)	met	[met]
sans (~ sucre)	sonder	[sondər]
à (aller ~ ...)	na	[na]
de (au sujet de)	oor	[oər]
avant (~ midi)	voor	[foər]
devant (~ la maison)	voor ...	[foər ...]

sous (~ la commode)	onder	[ondər]
au-dessus de ...	oor	[oər]
sur (dessus)	op	[op]
de (venir ~ Paris)	uit	[œit]
en (en bois, etc.)	van	[fan]

11

| dans (~ deux heures) | oor | [oər] |
| par dessus | oor | [oər] |

5. Les mots-outils. Les adverbes. Partie 1

Où? (~ es-tu?)	Waar?	[vãr?]
ici (c'est ~)	hier	[hir]
là-bas (c'est ~)	daar	[dãr]

| quelque part (être) | êrens | [ærɛŋs] |
| nulle part (adv) | nêrens | [nærɛŋs] |

| près de ... | by | [baj] |
| près de la fenêtre | by | [baj] |

Où? (~ vas-tu?)	Waarheen?	[vãrheən?]
ici (Venez ~)	hier	[hir]
là-bas (j'irai ~)	soontoe	[soentu]
d'ici (adv)	hiervandaan	[hirfandãn]
de là-bas (adv)	daarvandaan	[dãrfandãn]

| près (pas loin) | naby | [nabaj] |
| loin (adv) | ver | [fer] |

près de (~ Paris)	naby	[nabaj]
tout près (adv)	naby	[nabaj]
pas loin (adv)	nie ver nie	[ni fər ni]

gauche (adj)	linker-	[linkər-]
à gauche (être ~)	op linkerhand	[op linkərhant]
à gauche (tournez ~)	na links	[na links]

droit (adj)	regter	[reχtər]
à droite (être ~)	op regterhand	[op reχtərhant]
à droite (tournez ~)	na regs	[na reχs]

devant (adv)	voor	[foər]
de devant (adj)	voorste	[foərstə]
en avant (adv)	vooruit	[foərœit]

derrière (adv)	agter	[aχtər]
par derrière (adv)	van agter	[fan aχtər]
en arrière (regarder ~)	agtertoe	[aχtərtu]

| milieu (m) | middel | [middəl] |
| au milieu (adv) | in die middel | [in di middəl] |

de côté (vue ~)	op die sykant	[op di sajkant]
partout (adv)	orals	[orals]
autour (adv)	orals rond	[orals ront]

de l'intérieur	van binne	[fan binnə]
quelque part (aller)	êrens	[ærɛŋs]
tout droit (adv)	reguit	[reχœit]

en arrière (revenir ~)	terug	[teruχ]
de quelque part (n'import d'où)	êrens vandaan	[ærɛŋs fandān]
de quelque part (on ne sait pas d'où)	êrens vandaan	[ærɛŋs fandān]

premièrement (adv)	in die eerste plek	[in di eərstə plek]
deuxièmement (adv)	in die tweede plek	[in di tweədə plek]
troisièmement (adv)	in die derde plek	[in di derdə plek]

soudain (adv)	skielik	[skilik]
au début (adv)	aan die begin	[ān di beχin]
pour la première fois	vir die eerste keer	[fir di eərstə keər]
bien avant ...	lank voordat ...	[lank foərdat ...]
de nouveau (adv)	opnuut	[opnɪt]
pour toujours (adv)	vir goed	[fir χut]

jamais (adv)	nooit	[nojt]
de nouveau, encore (adv)	weer	[veər]
maintenant (adv)	nou	[næʊ]
souvent (adv)	dikwels	[dikwɛls]
alors (adv)	toe	[tu]
d'urgence (adv)	dringend	[driŋəŋ]
d'habitude (adv)	gewoonlik	[χevoənlik]

à propos, ...	terloops, ...	[terloəps], [...]
c'est possible	moontlik	[moentlik]
probablement (adv)	waarskynlik	[vārskajnlik]
peut-être (adv)	dalk	[dalk]
en plus, ...	trouens...	[træʊɛŋs...]
c'est pourquoi ...	dis hoekom ...	[dis hukom ...]
malgré ...	ondanks ...	[ondanks ...]
grâce à ...	danksy ...	[danksaj ...]

quoi (pron)	wat	[vat]
que (conj)	dat	[dat]
quelque chose (Il m'est arrivé ~)	iets	[its]

quelque chose (peut-on faire ~)	iets	[its]
rien (m)	niks	[niks]

qui (pron)	wie	[vi]
quelqu'un (on ne sait pas qui)	iemand	[imant]
quelqu'un (n'importe qui)	iemand	[imant]

personne (pron)	niemand	[nimant]
nulle part (aller ~)	nêrens	[nærɛŋs]

de personne	niemand se	[nimant sə]
de n'importe qui	iemand se	[imant sə]

comme ça (adv)	so	[so]
également (adv)	ook	[oək]
aussi (adv)	ook	[oək]

6. Les mots-outils. Les adverbes. Partie 2

Français	Afrikaans	Prononciation
Pourquoi?	Waarom?	[vãrom?]
parce que ...	omdat ...	[omdat ...]
et (conj)	en	[ɛn]
ou (conj)	of	[of]
mais (conj)	maar	[mãr]
pour ... (prep)	vir	[fir]
trop (adv)	te	[te]
seulement (adv)	net	[net]
précisément (adv)	presies	[presis]
près de ... (prep)	ongeveer	[onχəfeər]
approximativement	ongeveer	[onχəfeər]
approximatif (adj)	geraamde	[χerãmdə]
presque (adv)	amper	[ampər]
reste (m)	die res	[di res]
l'autre (adj)	die ander	[di andər]
autre (adj)	ander	[andər]
chaque (adj)	elke	[ɛlkə]
n'importe quel (adj)	enige	[ɛniχə]
beaucoup (adv)	baie	[bajə]
plusieurs (pron)	baie mense	[bajə mɛŋsə]
tous	almal	[almal]
en échange de ...	in ruil vir...	[in rœil fir...]
en échange (adv)	as vergoeding	[as ferχudiŋ]
à la main (adv)	met die hand	[met di hant]
peu probable (adj)	skaars	[skãrs]
probablement (adv)	waarskynlik	[vãrskajnlik]
exprès (adv)	opsetlik	[opsetlik]
par accident (adv)	toevallig	[tufalləχ]
très (adv)	baie	[bajə]
par exemple (adv)	byvoorbeeld	[bajfoərbeəlt]
entre (prep)	tussen	[tussən]
parmi (prep)	tussen	[tussən]
autant (adv)	so baie	[so bajə]
surtout (adv)	veral	[feral]

NOMBRES. DIVERS

7. Les nombres cardinaux. Partie 1

zéro	nul	[nul]
un	een	[eən]
deux	twee	[tweə]
trois	drie	[dri]
quatre	vier	[fir]
cinq	vyf	[fajf]
six	ses	[ses]
sept	sewe	[sevə]
huit	ag	[aχ]
neuf	nege	[neχə]
dix	tien	[tin]
onze	elf	[ɛlf]
douze	twaalf	[twãlf]
treize	dertien	[dertin]
quatorze	veertien	[feərtin]
quinze	vyftien	[fajftin]
seize	sestien	[sestin]
dix-sept	sewetien	[sevətin]
dix-huit	agtien	[aχtin]
dix-neuf	negetien	[neχetin]
vingt	twintig	[twintəχ]
vingt et un	een-en-twintig	[eən-en-twintəχ]
vingt-deux	twee-en-twintig	[tweə-en-twintəχ]
vingt-trois	drie-en-twintig	[dri-en-twintəχ]
trente	dertig	[dertəχ]
trente et un	een-en-dertig	[eən-en-dertəχ]
trente-deux	twee-en-dertig	[tweə-en-dertəχ]
trente-trois	drie-en-dertig	[dri-en-dertəχ]
quarante	veertig	[feərtəχ]
quarante et un	een-en-veertig	[eən-en-feərtəχ]
quarante-deux	twee-en-veertig	[tweə-en-feərtəχ]
quarante-trois	vier-en-veertig	[fir-en-feərtəχ]
cinquante	vyftig	[fajftəχ]
cinquante et un	een-en-vyftig	[eən-en-fajftəχ]
cinquante-deux	twee-en-vyftig	[tweə-en-fajftəχ]
cinquante-trois	drie-en-vyftig	[dri-en-fajftəχ]
soixante	sestig	[sestəχ]
soixante et un	een-en-sestig	[eən-en-sestəχ]

| soixante-deux | twee-en-sestig | [twee-en-sestəχ] |
| soixante-trois | drie-en-sestig | [dri-en-sestəχ] |

soixante-dix	sewentig	[seventəχ]
soixante et onze	een-en-sewentig	[eən-en-seventəχ]
soixante-douze	twee-en-sewentig	[twee-en-seventəχ]
soixante-treize	drie-en-sewentig	[dri-en-seventəχ]

quatre-vingts	tagtig	[taχtəχ]
quatre-vingt et un	een-en-tagtig	[eən-en-taχtəχ]
quatre-vingt deux	twee-en-tagtig	[twee-en-taχtəχ]
quatre-vingt trois	drie-en-tagtig	[dri-en-taχtəχ]

quatre-vingt-dix	negentig	[neχentəχ]
quatre-vingt et onze	een-en-negentig	[eən-en-neχentəχ]
quatre-vingt-douze	twee-en-negentig	[twee-en-neχentəχ]
quatre-vingt-treize	drie-en-negentig	[dri-en-neχentəχ]

8. Les nombres cardinaux. Partie 2

cent	honderd	[hondərt]
deux cents	tweehonderd	[twee·hondərt]
trois cents	driehonderd	[dri·hondərt]
quatre cents	vierhonderd	[fir·hondərt]
cinq cents	vyfhonderd	[fajf·hondərt]

six cents	seshonderd	[ses·hondərt]
sept cents	sewehonderd	[seve·hondərt]
huit cents	aghonderd	[aχ·hondərt]
neuf cents	negehonderd	[neχe·hondərt]

mille	duisend	[dœisent]
deux mille	tweeduisend	[twee·dœisent]
trois mille	drieduisend	[dri·dœisent]
dix mille	tienduisend	[tin·dœisent]
cent mille	honderdduisend	[hondərt·dajsent]
million (m)	miljoen	[miljun]
milliard (m)	miljard	[miljart]

9. Les nombres ordinaux

premier (adj)	eerste	[eərstə]
deuxième (adj)	tweede	[tweedə]
troisième (adj)	derde	[derdə]
quatrième (adj)	vierde	[firdə]
cinquième (adj)	vyfde	[fajfdə]

sixième (adj)	sesde	[sesdə]
septième (adj)	sewende	[sevendə]
huitième (adj)	agste	[aχstə]
neuvième (adj)	negende	[neχendə]
dixième (adj)	tiende	[tində]

LES COULEURS. LES UNITÉS DE MESURE

10. Les couleurs

couleur (f)	kleur	[kløər]
teinte (f)	skakering	[skakeriŋ]
ton (m)	tint	[tint]
arc-en-ciel (m)	reënboog	[reɛn·boəχ]
blanc (adj)	wit	[vit]
noir (adj)	swart	[swart]
gris (adj)	grys	[χrajs]
vert (adj)	groen	[χrun]
jaune (adj)	geel	[χeəl]
rouge (adj)	rooi	[roj]
bleu (adj)	blou	[blæʊ]
bleu clair (adj)	ligblou	[liχ·blæʊ]
rose (adj)	pienk	[pink]
orange (adj)	oranje	[oranje]
violet (adj)	pers	[pers]
brun (adj)	bruin	[brœin]
d'or (adj)	goue	[χæʊə]
argenté (adj)	silweragtig	[silweraχtəχ]
beige (adj)	beige	[bɛːiʒ]
crème (adj)	roomkleurig	[roəm·kløərəχ]
turquoise (adj)	turkoois	[turkojs]
rouge cerise (adj)	kersierooi	[kersi·roj]
lilas (adj)	lila	[lila]
framboise (adj)	karmosyn	[karmosajn]
clair (adj)	lig	[liχ]
foncé (adj)	donker	[donkər]
vif (adj)	helder	[hɛldər]
de couleur (adj)	kleurig	[kløərəχ]
en couleurs (adj)	kleur	[kløər]
noir et blanc (adj)	swart-wit	[swart-wit]
unicolore (adj)	effe	[ɛffə]
multicolore (adj)	veelkleurig	[feəlkløərəχ]

11. Les unités de mesure

poids (m)	gewig	[χevəχ]
longueur (f)	lengte	[leŋtə]

largeur (f)	breedte	[breədtə]
hauteur (f)	hoogte	[hoəχtə]
profondeur (f)	diepte	[diptə]
volume (m)	volume	[folumə]
aire (f)	area	[area]
gramme (m)	gram	[χram]
milligramme (m)	milligram	[milliχram]
kilogramme (m)	kilogram	[kiloχram]
tonne (f)	ton	[ton]
livre (f)	pond	[pont]
once (f)	ons	[ɔŋs]
mètre (m)	meter	[metər]
millimètre (m)	millimeter	[millimetər]
centimètre (m)	sentimeter	[sentimetər]
kilomètre (m)	kilometer	[kilometər]
mille (m)	myl	[majl]
pouce (m)	duim	[dœim]
pied (m)	voet	[fut]
yard (m)	jaart	[jãrt]
mètre (m) carré	vierkante meter	[firkantə metər]
hectare (m)	hektaar	[hektãr]
litre (m)	liter	[litər]
degré (m)	graad	[χrãt]
volt (m)	volt	[folt]
ampère (m)	ampère	[ampɛ:r]
cheval-vapeur (m)	perdekrag	[perdə·kraχ]
quantité (f)	hoeveelheid	[hufeəlhæjt]
moitié (f)	helfte	[hɛlftə]
douzaine (f)	dosyn	[dosajn]
pièce (f)	stuk	[stuk]
dimension (f)	grootte	[χroəttə]
échelle (f) (de la carte)	skaal	[skãl]
minimal (adj)	minimaal	[minimãl]
le plus petit (adj)	die kleinste	[di klæjnstə]
moyen (adj)	medium	[medium]
maximal (adj)	maksimaal	[maksimãl]
le plus grand (adj)	die grootste	[di χroətstə]

12. Les récipients

bocal (m) en verre	glaspot	[χlas·pot]
boîte, canette (f)	blikkie	[blikki]
seau (m)	emmer	[ɛmmər]
tonneau (m)	drom	[drom]
bassine, cuvette (f)	wasbak	[vas·bak]
cuve (f)	tenk	[tɛnk]

flasque (f)	heupfles	[høəp·fles]
jerrican (m)	petrolblik	[petrol·blik]
citerne (f)	tenk	[tɛnk]

tasse (f), mug (m)	beker	[bekər]
tasse (f)	koppie	[koppi]
soucoupe (f)	piering	[piriŋ]
verre (m) (~ d'eau)	glas	[χlas]
verre (m) à vin	wynglas	[vajn·χlas]
faitout (m)	soppot	[sop·pot]

| bouteille (f) | bottel | [bottəl] |
| goulot (m) | nek | [nek] |

carafe (f)	kraffie	[kraffi]
pichet (m)	kruik	[krœik]
récipient (m)	houer	[hæʊər]
pot (m)	pot	[pot]
vase (m)	vaas	[fãs]

flacon (m)	bottel	[bottəl]
fiole (f)	botteltjie	[bottɛlki]
tube (m)	buisie	[bœisi]

sac (m) (grand ~)	sak	[sak]
sac (m) (~ en plastique)	sak	[sak]
paquet (m) (~ de cigarettes)	pakkie	[pakki]

boîte (f)	kartondoos	[karton·doəs]
caisse (f)	krat	[krat]
panier (m)	mandjie	[manʤi]

LES VERBES LES PLUS IMPORTANTS

13. Les verbes les plus importants. Partie 1

aider (vt)	help	[hɛlp]
aimer (qn)	liefhê	[lifhɛ:]
aller (à pied)	gaan	[χān]
apercevoir (vt)	raaksien	[rāksin]
appartenir à …	behoort aan …	[behoərt ān …]

appeler (au secours)	roep	[rup]
attendre (vt)	wag	[vaχ]
attraper (vt)	vang	[faŋ]
avertir (vt)	waarsku	[vārsku]

avoir (vt)	hê	[hɛ:]
avoir confiance	vertrou	[fertræʋ]
avoir faim	honger wees	[hoŋər veəs]

avoir peur	bang wees	[baŋ veəs]
avoir soif	dors wees	[dors veəs]
cacher (vt)	wegsteek	[veχsteək]
casser (briser)	breek	[breək]
cesser (vt)	ophou	[ophæʋ]

changer (vt)	verander	[ferandər]
chasser (animaux)	jag	[jaχ]
chercher (vt)	soek …	[suk …]
choisir (vt)	kies	[kis]
commander (~ le menu)	bestel	[bestəl]

commencer (vt)	begin	[beχin]
comparer (vt)	vergelyk	[ferχəlajk]
comprendre (vt)	verstaan	[ferstān]

compter (dénombrer)	tel	[təl]
compter sur …	reken op …	[reken op …]

confondre (vt)	verwar	[ferwar]
connaître (qn)	ken	[ken]
conseiller (vt)	aanraai	[ānrāi]

continuer (vt)	aangaan	[ānχān]
contrôler (vt)	kontroleer	[kontroleər]

courir (vi)	hardloop	[hardloəp]
coûter (vt)	kos	[kos]
créer (vt)	skep	[skep]
creuser (vt)	grawe	[χravə]
crier (vi)	skreeu	[skriʋ]

14. Les verbes les plus importants. Partie 2

décorer (~ la maison)	versier	[fersir]
défendre (vt)	verdedig	[ferdedəχ]
déjeuner (vi)	gaan eet	[χān eət]
demander (~ l'heure)	vra	[fra]
demander (de faire qch)	vra	[fra]
descendre (vi)	afkom	[afkom]
deviner (vt)	raai	[rāi]
dîner (vi)	aandete gebruik	[āndetə χebrœik]
dire (vt)	sê	[sɛ:]
diriger (~ une usine)	beheer	[beheər]
discuter (vt)	bespreek	[bespreək]
donner (vt)	gee	[χeə]
douter (vt)	twyfel	[twajfəl]
écrire (vt)	skryf	[skrajf]
entendre (bruit, etc.)	hoor	[hoər]
entrer (vi)	binnegaan	[binnəχān]
envoyer (vt)	stuur	[stɪr]
espérer (vi)	hoop	[hoəp]
essayer (vt)	probeer	[probeər]
être (vi)	wees	[veəs]
être d'accord	saamstem	[sāmstem]
être nécessaire	nodig wees	[nodəχ veəs]
être pressé	opskud	[opskut]
étudier (vt)	studeer	[studeər]
excuser (vt)	verskoon	[ferskoən]
exiger (vt)	eis	[æjs]
exister (vi)	bestaan	[bestān]
expliquer (vt)	verduidelik	[ferdœidəlik]
faire (vt)	doen	[dun]
faire tomber	laat val	[lāt fal]
finir (vt)	klaarmaak	[klārmāk]
garder (conserver)	bewaar	[bevār]
gronder, réprimander (vt)	uitvaar teen	[œitfār teən]
informer (vt)	in kennis stel	[in kɛnnis stəl]
insister (vi)	aandring	[āndriŋ]
insulter (vt)	beledig	[beledəχ]
inviter (vt)	uitnooi	[œitnoj]
jouer (s'amuser)	speel	[speəl]

15. Les verbes les plus importants. Partie 3

libérer (ville, etc.)	bevry	[befraj]
lire (vi, vt)	lees	[leəs]
louer (prendre en location)	huur	[hɪr]

manquer (l'école)	bank	[bank]
menacer (vt)	dreig	[dræjχ]
mentionner (vt)	verwys na	[ferwajs na]
montrer (vt)	wys	[vajs]
nager (vi)	swem	[swem]
objecter (vt)	beswaar maak	[beswār māk]
observer (vt)	waarneem	[vārneəm]
ordonner (mil.)	beveel	[befeəl]
oublier (vt)	vergeet	[ferχeət]
ouvrir (vt)	oopmaak	[oəpmāk]
pardonner (vt)	vergewe	[ferχevə]
parler (vi, vt)	praat	[prāt]
participer à ...	deelneem	[deəlneəm]
payer (régler)	betaal	[betāl]
penser (vi, vt)	dink	[dink]
permettre (vt)	toestaan	[tustān]
plaire (être apprécié)	hou van	[hæʋ fan]
plaisanter (vi)	grappies maak	[χrappis māk]
planifier (vt)	beplan	[beplan]
pleurer (vi)	huil	[hœil]
posséder (vt)	besit	[besit]
pouvoir (v aux)	kan	[kan]
préférer (vt)	verkies	[ferkis]
prendre (vt)	vat	[fat]
prendre en note	opskryf	[opskrajf]
prendre le petit déjeuner	ontbyt	[ontbajt]
préparer (le dîner)	kook	[koək]
prévoir (vt)	voorsien	[foərsin]
prier (~ Dieu)	bid	[bit]
promettre (vt)	beloof	[beloəf]
prononcer (vt)	uitspreek	[œitspreək]
proposer (vt)	voorstel	[foərstəl]
punir (vt)	straf	[straf]

16. Les verbes les plus importants. Partie 4

recommander (vt)	aanbeveel	[ānbefeəl]
regretter (vt)	jammer wees	[jammər veəs]
répéter (dire encore)	herhaal	[herhāl]
répondre (vi, vt)	antwoord	[antwoərt]
réserver (une chambre)	bespreek	[bespreək]
rester silencieux	stilbly	[stilblaj]
réunir (regrouper)	verenig	[ferenəχ]
rire (vi)	lag	[laχ]
s'arrêter (vp)	stilhou	[stilhæʋ]
s'asseoir (vp)	gaan sit	[χān sit]
sauver (la vie à qn)	red	[ret]

savoir (qch)	weet	[veət]
se baigner (vp)	gaan swem	[χān swem]
se plaindre (vp)	kla	[kla]
se refuser (vp)	weier	[væjer]
se vanter (vp)	spog	[spoχ]
s'étonner (vp)	verbaas wees	[fərbās veəs]
s'excuser (vp)	verskoning vra	[fərskoniŋ fra]
signer (vt)	teken	[tekən]
signifier (vt)	beteken	[betekən]
s'intéresser (vp)	belangstel in ...	[belaŋstəl in ...]
sortir (aller dehors)	uitgaan	[œitχān]
sourire (vi)	glimlag	[χlimlaχ]
sous-estimer (vt)	onderskat	[ondərskat]
suivre ... (suivez-moi)	volg ...	[folχ ...]
tirer (vi)	skiet	[skit]
tomber (vi)	val	[fal]
toucher (avec les mains)	aanraak	[ānrāk]
tourner (~ à gauche)	draai	[drāi]
traduire (vt)	vertaal	[fərtāl]
travailler (vi)	werk	[verk]
tromper (vt)	bedrieg	[bedrəχ]
trouver (vt)	vind	[fint]
tuer (vt)	doodmaak	[doədmāk]
vendre (vt)	verkoop	[fərkoəp]
venir (vi)	aankom	[ānkom]
voir (vt)	sien	[sin]
voler (avion, oiseau)	vlieg	[fliχ]
voler (qch à qn)	steel	[steəl]
vouloir (vt)	wil	[vil]

LA NOTION DE TEMPS. LE CALENDRIER

17. Les jours de la semaine

lundi (m)	Maandag	[mãndaχ]
mardi (m)	Dinsdag	[dinsdaχ]
mercredi (m)	Woensdag	[voɛŋsdaχ]
jeudi (m)	Donderdag	[dondərdaχ]
vendredi (m)	Vrydag	[frajdaχ]
samedi (m)	Saterdag	[satərdaχ]
dimanche (m)	Sondag	[sondaχ]
aujourd'hui (adv)	vandag	[fandaχ]
demain (adv)	môre	[mɔrə]
après-demain (adv)	oormôre	[oərmɔrə]
hier (adv)	gister	[χistər]
avant-hier (adv)	eergister	[eərχistər]
jour (m)	dag	[daχ]
jour (m) ouvrable	werksdag	[verks·daχ]
jour (m) férié	openbare vakansiedag	[openbarə fakaŋsi·daχ]
jour (m) de repos	verlofdag	[ferlofdaχ]
week-end (m)	naweek	[naveək]
toute la journée	die hele dag	[di helə daχ]
le lendemain	die volgende dag	[di folχendə daχ]
il y a 2 jours	twee dae gelede	[tweə daə χeledə]
la veille	die dag voor	[di daχ foər]
quotidien (adj)	daeliks	[daeliks]
tous les jours	elke dag	[ɛlkə daχ]
semaine (f)	week	[veək]
la semaine dernière	laas week	[lãs veək]
la semaine prochaine	volgende week	[folχendə veək]
hebdomadaire (adj)	weekliks	[veəkliks]
chaque semaine	weekliks	[veəkliks]
tous les mardis	elke Dinsdag	[ɛlkə dinsdaχ]

18. Les heures. Le jour et la nuit

matin (m)	oggend	[oχent]
le matin	soggens	[soχɛŋs]
midi (m)	middag	[middaχ]
dans l'après-midi	in die namiddag	[in di namiddaχ]
soir (m)	aand	[ãnt]
le soir	saans	[sãŋs]
nuit (f)	nag	[naχ]

| la nuit | snags | [snaχs] |
| minuit (f) | middernag | [middərnaχ] |

seconde (f)	sekonde	[sekondə]
minute (f)	minuut	[minɪt]
heure (f)	uur	[ɪr]
demi-heure (f)	n halfuur	[n halfɪr]
quinze minutes	vyftien minute	[fəjftin minutə]
vingt-quatre heures	24 ure	[fir-en-twintəχ urə]

lever (m) du soleil	sonop	[son·op]
aube (f)	daeraad	[daerãt]
point (m) du jour	elke oggend	[ɛlkə oχent]
coucher (m) du soleil	sononder	[son·ondər]

tôt le matin	vroegdag	[fruχdaχ]
ce matin	vanmôre	[fanmɔrə]
demain matin	môreoggend	[mɔrə·oχent]

cet après-midi	vanmiddag	[fanmiddaχ]
dans l'après-midi	in die namiddag	[in di namiddaχ]
demain après-midi	môremiddag	[mɔrə·middaχ]

| ce soir | vanaand | [fanãnt] |
| demain soir | môreaand | [mɔrə·ãnt] |

à 3 heures précises	klokslag 3 uur	[klokslaχ dri ɪr]
autour de 4 heures	omstreeks 4 uur	[omstreeks fir ɪr]
vers midi	teen 12 uur	[teən twalf ɪr]
dans 20 minutes	oor twintig minute	[oər twintəχ minutə]
à temps	betyds	[betajds]

… moins le quart	kwart voor …	[kwart foər …]
tous les quarts d'heure	elke 15 minute	[ɛlkə fəjftin minutə]
24 heures sur 24	24 uur per dag	[fir-en-twintəχ pər daχ]

19. Les mois. Les saisons

janvier (m)	Januarie	[januari]
février (m)	Februarie	[februari]
mars (m)	Maart	[mãrt]
avril (m)	April	[april]
mai (m)	Mei	[mæj]
juin (m)	Junie	[juni]

juillet (m)	Julie	[juli]
août (m)	Augustus	[ɔuχustus]
septembre (m)	September	[septembər]
octobre (m)	Oktober	[oktobər]
novembre (m)	November	[nofembər]
décembre (m)	Desember	[desembər]

| printemps (m) | lente | [lentə] |
| au printemps | in die lente | [in di lentə] |

de printemps (adj)	lente-	[lente-]
été (m)	somer	[somər]
en été	in die somer	[in di somər]
d'été (adj)	somerse	[somersə]

automne (m)	herfs	[herfs]
en automne	in die herfs	[in di herfs]
d'automne (adj)	herfsagtige	[herfsaχtiχə]

hiver (m)	winter	[vintər]
en hiver	in die winter	[in di vintər]
d'hiver (adj)	winter-	[vintər-]

mois (m)	maand	[mānt]
ce mois	hierdie maand	[hirdi mānt]
le mois prochain	volgende maand	[folχendə mānt]
le mois dernier	laasmaand	[lāsmānt]

| dans 2 mois | oor twe maande | [oər twe māndə] |
| tout le mois | die hele maand | [di helə mānt] |

mensuel (adj)	maandeliks	[māndəliks]
mensuellement	maandeliks	[māndəliks]
chaque mois	elke maand	[ɛlkə mānt]

année (f)	jaar	[jār]
cette année	hierdie jaar	[hirdi jār]
l'année prochaine	volgende jaar	[folχendə jār]
l'année dernière	laasjaar	[lāʃār]

| dans 2 ans | binne twee jaar | [binnə twee jār] |
| toute l'année | die hele jaar | [di helə jār] |

chaque année	elke jaar	[ɛlkə jār]
annuel (adj)	jaarliks	[jārliks]
annuellement	jaarliks	[jārliks]
4 fois par an	4 keer per jaar	[fir keər pər jār]

date (f) (jour du mois)	datum	[datum]
date (f) (~ mémorable)	datum	[datum]
calendrier (m)	kalender	[kalendər]

semestre (m)	ses maande	[ses māndə]
saison (f)	seisoen	[sæjsun]
siècle (m)	eeu	[iʊ]

LES VOYAGES. L'HÔTEL

20. Les voyages. Les excursions

tourisme (m)	toerisme	[turismə]
touriste (m)	toeris	[turis]
voyage (m) (à l'étranger)	reis	[ræjs]
aventure (f)	avontuur	[afontɪr]
voyage (m)	reis	[ræjs]
vacances (f pl)	vakansie	[fakaŋsi]
être en vacances	met vakansie wees	[met fakaŋsi veəs]
repos (m) (jours de ~)	rus	[rus]
train (m)	trein	[træjn]
en train	per trein	[pər træjn]
avion (m)	vliegtuig	[fliχtœiχ]
en avion	per vliegtuig	[pər fliχtœiχ]
en voiture	per motor	[pər motor]
en bateau	per skip	[pər skip]
bagage (m)	bagasie	[baχasi]
malle (f)	tas	[tas]
chariot (m)	bagasiekarretjie	[baχasi·karrəki]
passeport (m)	paspoort	[paspoərt]
visa (m)	visum	[fisum]
ticket (m)	kaartjie	[kārki]
billet (m) d'avion	lugkaartjie	[luχ·kārki]
guide (m) (livre)	reisgids	[ræjsχids]
carte (f)	kaart	[kārt]
région (f) (~ rurale)	gebied	[χebit]
endroit (m)	plek	[plek]
exotisme (m)	eksotiese dinge	[ɛksotisə diŋə]
exotique (adj)	eksoties	[ɛksotis]
étonnant (adj)	verbasend	[ferbasent]
groupe (m)	groep	[χrup]
excursion (f)	uitstappie	[œitstappi]
guide (m) (personne)	gids	[χids]

21. L'hôtel

hôtel (m)	hotel	[hotəl]
motel (m)	motel	[motəl]
3 étoiles	drie-ster	[dri-stər]

| 5 étoiles | vyf-ster | [fajf-stər] |
| descendre (à l'hôtel) | oornag | [oərnaχ] |

chambre (f)	kamer	[kamər]
chambre (f) simple	enkelkamer	[εnkəl·kamər]
chambre (f) double	dubbelkamer	[dubbəl·kamər]

| demi-pension (f) | met aandete, bed en ontbyt | [met ãndetə], [bet en ontbajt] |
| pension (f) complète | volle losies | [follə losis] |

avec une salle de bain	met bad	[met bat]
avec une douche	met stortbad	[met stort·bat]
télévision (f) par satellite	satelliet-TV	[satεllit-te·fe]
climatiseur (m)	lugversorger	[luχfersorχər]
serviette (f)	handdoek	[handduk]
clé (f)	sleutel	[sløətəl]

administrateur (m)	bestuurder	[bestɪrdər]
femme (f) de chambre	kamermeisie	[kamər·mæjsi]
porteur (m)	hoteljoggie	[hotəl·joχi]
portier (m)	portier	[portir]

restaurant (m)	restaurant	[restɔurant]
bar (m)	kroeg	[kruχ]
petit déjeuner (m)	ontbyt	[ontbajt]
dîner (m)	aandete	[ãndetə]
buffet (m)	buffetete	[buffetetə]

| hall (m) | voorportaal | [foər·portãl] |
| ascenseur (m) | hysbak | [hajsbak] |

| PRIÈRE DE NE PAS DÉRANGER | MOENIE STEUR NIE | [muni støər ni] |
| DÉFENSE DE FUMER | ROOK VERBODE | [roək ferbodə] |

22. Le tourisme

monument (m)	monument	[monument]
forteresse (f)	fort	[fort]
palais (m)	paleis	[palæjs]
château (m)	kasteel	[kasteəl]
tour (f)	toring	[toriŋ]
mausolée (m)	mausoleum	[mɔusoløəm]

architecture (f)	argitektuur	[arχitektɪr]
médiéval (adj)	Middeleeus	[middeliʊs]
ancien (adj)	oud	[æʊt]
national (adj)	nasionaal	[naʃionãl]
connu (adj)	bekend	[bekent]

touriste (m)	toeris	[turis]
guide (m) (personne)	gids	[χids]
excursion (f)	uitstappie	[œitstappi]
montrer (vt)	wys	[vajs]

raconter (une histoire)	**vertel**	[fertəl]
trouver (vt)	**vind**	[fint]
se perdre (vp)	**verdwaal**	[ferdwāl]
plan (m) (du metro, etc.)	**kaart**	[kārt]
carte (f) (de la ville, etc.)	**kaart**	[kārt]
souvenir (m)	**aandenking**	[āndenkiŋ]
boutique (f) de souvenirs	**geskenkwinkel**	[χeskɛnk·vinkəl]
prendre en photo	**fotografeer**	[fotoχrafeər]
se faire prendre en photo	**jou portret laat maak**	[jæʊ portret lāt māk]

LES TRANSPORTS

23. L'aéroport

aéroport (m)	lughawe	[luχhavə]
avion (m)	vliegtuig	[fliχtœiχ]
compagnie (f) aérienne	lugredery	[luχrederaj]
contrôleur (m) aérien	lugverkeersleier	[luχ·ferkeərs·læjer]
départ (m)	vertrek	[fertrek]
arrivée (f)	aankoms	[ānkoms]
arriver (par avion)	aankom	[ānkom]
temps (m) de départ	vertrektyd	[fertrək·tajt]
temps (m) d'arrivée	aankomstyd	[ānkoms·tajt]
être retardé	vertraag wees	[fertrāχ veəs]
retard (m) de l'avion	vlugvertraging	[fluχ·fertraχiŋ]
tableau (m) d'informations	informasiebord	[informasi·bort]
information (f)	informasie	[informasi]
annoncer (vt)	aankondig	[ānkondəχ]
vol (m)	vlug	[fluχ]
douane (f)	doeane	[duanə]
douanier (m)	doeanebeampte	[duanə·beamptə]
déclaration (f) de douane	doeaneverklaring	[duanə·ferklariŋ]
remplir (vt)	invul	[inful]
contrôle (m) de passeport	paspoortkontrole	[paspoərt·kontrolə]
bagage (m)	bagasie	[baχasi]
bagage (m) à main	handbagasie	[hand·baχasi]
chariot (m)	bagasiekarretjie	[baχasi·karrəki]
atterrissage (m)	landing	[landiŋ]
piste (f) d'atterrissage	landingsbaan	[landiŋs·bān]
atterrir (vi)	land	[lant]
escalier (m) d'avion	vliegtuigtrap	[fliχtœiχ·trap]
enregistrement (m)	na die vertrektoonbank	[na di fertrək·toənbank]
comptoir (m) d'enregistrement	vertrektoonbank	[fertrək·toənbank]
s'enregistrer (vp)	na die vertrektoonbank gaan	[na di fertrək·toənbank χān]
carte (f) d'embarquement	instapkaart	[instap·kārt]
porte (f) d'embarquement	vertrekuitgang	[fertrek·œitχaŋ]
transit (m)	transito	[traŋsito]
attendre (vt)	wag	[vaχ]
salle (f) d'attente	vertreksaal	[fertrək·sāl]

| raccompagner (à l'aéroport, etc.) | afsien | [afsin] |
| dire au revoir | afskeid neem | [afskæjt neəm] |

24. L'avion

avion (m)	vliegtuig	[fliχtœiχ]
billet (m) d'avion	lugkaartjie	[luχ·kārki]
compagnie (f) aérienne	lugredery	[luχrederaj]
aéroport (m)	lughawe	[luχhavə]
supersonique (adj)	supersonies	[supersonis]

commandant (m) de bord	kaptein	[kaptæjn]
équipage (m)	bemanning	[bemanniŋ]
pilote (m)	piloot	[piloət]
hôtesse (f) de l'air	lugwaardin	[luχ·wārdin]
navigateur (m)	navigator	[nafiχator]

ailes (f pl)	vlerke	[flerkə]
queue (f)	stert	[stert]
cabine (f)	stuurkajuit	[stɪr·kajœit]
moteur (m)	enjin	[ɛndʒin]

| train (m) d'atterrissage | landingstel | [landiŋ·stəl] |
| turbine (f) | turbine | [turbinə] |

| hélice (f) | skroef | [skruf] |
| boîte (f) noire | swart boks | [swart boks] |

| gouvernail (m) | stuurstang | [stɪr·staŋ] |
| carburant (m) | brandstof | [brantstof] |

consigne (f) de sécurité	veiligheidskaart	[fæjliχæjts·kārt]
masque (m) à oxygène	suurstofmasker	[sɪrstof·maskər]
uniforme (m)	uniform	[uniform]

| gilet (m) de sauvetage | reddingsbaadjie | [rɛddiŋs·bādʒi] |
| parachute (m) | valskerm | [fal·skerm] |

décollage (m)	opstyging	[opstajχiŋ]
décoller (vi)	opstyg	[opstajχ]
piste (f) de décollage	landingsbaan	[landiŋs·bān]

| visibilité (f) | uitsig | [œitsəχ] |
| vol (m) (~ d'oiseau) | vlug | [fluχ] |

| altitude (f) | hoogte | [hoəχtə] |
| trou (m) d'air | lugsak | [luχsak] |

place (f)	sitplek	[sitplek]
écouteurs (m pl)	koptelefoon	[kop·telefoən]
tablette (f)	voutafeltjie	[fæʊ·tafɛlki]
hublot (m)	vliegtuigvenster	[fliχtœiχ·fɛŋstər]
couloir (m)	paadjie	[pādʒi]

25. Le train

train (m)	trein	[træjn]
train (m) de banlieue	voorstedelike trein	[fœrstedelike træjn]
TGV (m)	sneltrein	[snɛl·træjn]
locomotive (f) diesel	diesellokomotief	[disel·lokomotif]
locomotive (f) à vapeur	stoomlokomotief	[stoəm·lokomotif]
wagon (m)	passasierswa	[passasirs·wa]
wagon-restaurant (m)	eetwa	[eet·wa]
rails (m pl)	spoorstawe	[spoər·stave]
chemin (m) de fer	spoorweg	[spoər·weχ]
traverse (f)	dwarslêer	[dwarslɛər]
quai (m)	perron	[perron]
voie (f)	spoor	[spoər]
sémaphore (m)	semafoor	[semafoər]
station (f)	stasie	[stasi]
conducteur (m) de train	treindrywer	[træjn·drajvər]
porteur (m)	portier	[portir]
steward (m)	kondukteur	[konduktøər]
passager (m)	passasier	[passasir]
contrôleur (m) de billets	kondukteur	[konduktøər]
couloir (m)	gang	[χaŋ]
frein (m) d'urgence	noodrem	[noədrem]
compartiment (m)	kompartiment	[kompartiment]
couchette (f)	bed	[bet]
couchette (f) d'en haut	boonste bed	[boəŋste bet]
couchette (f) d'en bas	onderste bed	[ondərste bet]
linge (m) de lit	beddegoed	[bedde·χut]
ticket (m)	kaartjie	[kãrki]
horaire (m)	diensrooster	[diŋs·roəstər]
tableau (m) d'informations	informasiebord	[informasi·bort]
partir (vi)	vertrek	[fertrek]
départ (m) (du train)	vertrek	[fertrek]
arriver (le train)	aankom	[ãnkom]
arrivée (f)	aankoms	[ãnkoms]
arriver en train	aankom per trein	[ãnkom pər træjn]
prendre le train	in die trein klim	[in di træjn klim]
descendre du train	uit die trein klim	[œit di træjn klim]
accident (m) ferroviaire	treinbotsing	[træjn·botsiŋ]
dérailler (vi)	ontspoor	[ontspoər]
locomotive (f) à vapeur	stoomlokomotief	[stoəm·lokomotif]
chauffeur (m)	stoker	[stokər]
chauffe (f)	stookplek	[stoəkplek]
charbon (m)	steenkool	[steən·koəl]

26. Le bateau

bateau (m)	**skip**	[skip]
navire (m)	**vaartuig**	[fārtœiχ]
bateau (m) à vapeur	**stoomboot**	[stoəm·boət]
paquebot (m)	**rivierboot**	[rifir·boət]
bateau (m) de croisière	**toerskip**	[tur·skip]
croiseur (m)	**kruiser**	[krœisər]
yacht (m)	**jag**	[jaχ]
remorqueur (m)	**sleepboot**	[sleəp·boət]
péniche (f)	**vragskuit**	[fraχ·skœit]
ferry (m)	**veerboot**	[feər·boət]
voilier (m)	**seilskip**	[sæjl·skip]
brigantin (m)	**skoenerbrik**	[skunər·brik]
brise-glace (m)	**ysbreker**	[ajs·brekər]
sous-marin (m)	**duikboot**	[dœik·boət]
canot (m) à rames	**roeiboot**	[ruiboət]
dinghy (m)	**bootjie**	[boəki]
canot (m) de sauvetage	**reddingsboot**	[rɛddiŋs·boət]
canot (m) à moteur	**motorboot**	[motor·boət]
capitaine (m)	**kaptein**	[kaptæjn]
matelot (m)	**seeman**	[seeman]
marin (m)	**matroos**	[matroəs]
équipage (m)	**bemanning**	[bemanniŋ]
maître (m) d'équipage	**bootsman**	[boətsman]
mousse (m)	**skeepsjonge**	[skeəps·joŋə]
cuisinier (m) du bord	**kok**	[kok]
médecin (m) de bord	**skeepsdokter**	[skeəps·doktər]
pont (m)	**dek**	[dek]
mât (m)	**mas**	[mas]
voile (f)	**seil**	[sæjl]
cale (f)	**skeepsruim**	[skeəps·rœim]
proue (f)	**boeg**	[buχ]
poupe (f)	**agterstewe**	[aχtərstevə]
rame (f)	**roeispaan**	[ruis·pān]
hélice (f)	**skroef**	[skruf]
cabine (f)	**kajuit**	[kajœit]
carré (m) des officiers	**offisierskajuit**	[offisirs·kajœit]
salle (f) des machines	**enjinkamer**	[ɛndʒin·kamər]
passerelle (f)	**brug**	[bruχ]
cabine (f) de T.S.F.	**radiokamer**	[radio·kamər]
onde (f)	**golf**	[χolf]
journal (m) de bord	**logboek**	[loχbuk]
longue-vue (f)	**verkyker**	[ferkajkər]
cloche (f)	**bel**	[bəl]

pavillon (m)	vlag	[flaχ]
grosse corde (f) tressée	kabel	[kabəl]
nœud (m) marin	knoop	[knoəp]

| rampe (f) | dekleuning | [dek·løənɪŋ] |
| passerelle (f) | gangplank | [χaŋ·plank] |

ancre (f)	anker	[ankər]
lever l'ancre	anker lig	[ankər ləχ]
jeter l'ancre	anker uitgooi	[ankər œitχoj]
chaîne (f) d'ancrage	ankerketting	[ankər·kɛttɪŋ]

port (m)	hawe	[havə]
embarcadère (m)	kaai	[kāi]
accoster (vi)	vasmeer	[fasmeər]
larguer les amarres	vertrek	[fertrek]

voyage (m) (à l'étranger)	reis	[ræjs]
croisière (f)	cruise	[kru:s]
cap (m) (suivre un ~)	koers	[kurs]
itinéraire (m)	roete	[rutə]

chenal (m)	vaarwater	[fār·vatər]
bas-fond (m)	sandbank	[sand·bank]
échouer sur un bas-fond	strand	[strant]

tempête (f)	storm	[storm]
signal (m)	sienjaal	[sinjāl]
sombrer (vi)	sink	[sink]
Un homme à la mer!	Man oorboord!	[man oərboərd!]
SOS (m)	SOS	[sos]
bouée (f) de sauvetage	reddingsboei	[rɛddɪŋs·bui]

LA VILLE

27. Les transports en commun

autobus (m)	bus	[bus]
tramway (m)	trem	[trem]
trolleybus (m)	trembus	[trembus]
itinéraire (m)	busroete	[bus·rutə]
numéro (m)	nommer	[nommər]
prendre …	ry per …	[raj pər …]
monter (dans l'autobus)	inklim	[inklim]
descendre de …	uitklim …	[œitklim …]
arrêt (m)	halte	[haltə]
arrêt (m) prochain	volgende halte	[folχendə haltə]
terminus (m)	eindpunt	[æjnd·punt]
horaire (m)	diensrooster	[diŋs·roəstər]
attendre (vt)	wag	[vaχ]
ticket (m)	kaartjie	[kārki]
prix (m) du ticket	reistarief	[ræjs·tarif]
caissier (m)	kaartjieverkoper	[kārki·ferkopər]
contrôle (m) des tickets	kaartjiekontrole	[kārki·kontrolə]
contrôleur (m)	kontroleur	[kontroløər]
être en retard	laat wees	[lāt veəs]
rater (~ le train)	mis	[mis]
se dépêcher	haastig wees	[hāstəχ veəs]
taxi (m)	taxi	[taksi]
chauffeur (m) de taxi	taxibestuurder	[taksi·bestɪrdər]
en taxi	per taxi	[pər taksi]
arrêt (m) de taxi	taxistaanplek	[taksi·stānplek]
trafic (m)	verkeer	[ferkeər]
embouteillage (m)	verkeersknoop	[ferkeers·knoəp]
heures (f pl) de pointe	spitsuur	[spits·ɪr]
se garer (vp)	parkeer	[parkeər]
garer (vt)	parkeer	[parkeər]
parking (m)	parkeerterrein	[parkeər·terræjn]
métro (m)	metro	[metro]
station (f)	stasie	[stasi]
prendre le métro	die metro vat	[di metro fat]
train (m)	trein	[træjn]
gare (f)	treinstasie	[træjn·stasi]

28. La ville. La vie urbaine

ville (f)	stad	[stat]
capitale (f)	hoofstad	[hoəf·stat]
village (m)	dorp	[dorp]
plan (m) de la ville	stadskaart	[stats·kãrt]
centre-ville (m)	sentrum	[sentrum]
banlieue (f)	voorstad	[foərstat]
de banlieue (adj)	voorstedelik	[foərstedelik]
périphérie (f)	buitewyke	[bœitəvajkə]
alentours (m pl)	omgewing	[omχeviŋ]
quartier (m)	stadswyk	[stats·wajk]
quartier (m) résidentiel	woonbuurt	[voənbɪrt]
trafic (m)	verkeer	[ferkeər]
feux (m pl) de circulation	robot	[robot]
transport (m) urbain	openbare vervoer	[openbarə ferfur]
carrefour (m)	kruispunt	[krœis·punt]
passage (m) piéton	sebraoorgang	[sebra·oərχaŋ]
passage (m) souterrain	voetgangertonnel	[futχaŋər·tonnəl]
traverser (vt)	oorsteek	[oərsteək]
piéton (m)	voetganger	[futχaŋər]
trottoir (m)	sypaadjie	[saj·pãdʒi]
pont (m)	brug	[bruχ]
quai (m)	wal	[val]
fontaine (f)	fontein	[fontæjn]
allée (f)	laning	[laniŋ]
parc (m)	park	[park]
boulevard (m)	boulevard	[bulefar]
place (f)	plein	[plæjn]
avenue (f)	laan	[lãn]
rue (f)	straat	[strãt]
ruelle (f)	systraat	[saj·strãt]
impasse (f)	doodloopstraat	[doədloəp·strãt]
maison (f)	huis	[hœis]
édifice (m)	gebou	[χebæʊ]
gratte-ciel (m)	wolkekrabber	[volkə·krabbər]
façade (f)	gewel	[χevəl]
toit (m)	dak	[dak]
fenêtre (f)	venster	[fɛnstər]
arc (m)	arkade	[arkadə]
colonne (f)	kolom	[kolom]
coin (m)	hoek	[huk]
vitrine (f)	uitstalraam	[œitstalrãm]
enseigne (f)	reklamebord	[reklamə·bort]
affiche (f)	plakkaat	[plakkãt]
affiche (f) publicitaire	reklameplakkaat	[reklamə·plakkãt]

panneau-réclame (m)	aanplakbord	[ānplakbort]
ordures (f pl)	vullis	[fullis]
poubelle (f)	vullisbak	[fullis·bak]
jeter à terre	rommel strooi	[rommel stroj]
décharge (f)	vullishoop	[fullis·hoep]
cabine (f) téléphonique	telefoonhokkie	[telefoen·hokki]
réverbère (m)	lamppaal	[lamp·pāl]
banc (m)	bank	[bank]
policier (m)	polisieman	[polisi·man]
police (f)	polisie	[polisi]
clochard (m)	bedelaar	[bedelār]
sans-abri (m)	daklose	[daklose]

29. Les institutions urbaines

magasin (m)	winkel	[vinkel]
pharmacie (f)	apteek	[apteek]
opticien (m)	optisiên	[optisiɛn]
centre (m) commercial	winkelsentrum	[vinkel·sentrum]
supermarché (m)	supermark	[supermark]
boulangerie (f)	bakkery	[bakkeraj]
boulanger (m)	bakker	[bakker]
pâtisserie (f)	banketbakkery	[banket·bakkeraj]
épicerie (f)	kruidenierswinkel	[krœidenirs·vinkel]
boucherie (f)	slagter	[slaχter]
magasin (m) de légumes	groentewinkel	[χrunte·vinkel]
marché (m)	mark	[mark]
salon (m) de café	koffiekroeg	[koffi·kruχ]
restaurant (m)	restaurant	[restourant]
brasserie (f)	kroeg	[kruχ]
pizzeria (f)	pizzeria	[pizzeria]
salon (m) de coiffure	haarsalon	[hār·salon]
poste (f)	poskantoor	[pos·kantoer]
pressing (m)	droogskoonmakers	[droeχ·skoen·makers]
atelier (m) de photo	fotostudio	[foto·studio]
magasin (m) de chaussures	skoenwinkel	[skun·vinkel]
librairie (f)	boekhandel	[buk·handel]
magasin (m) d'articles de sport	sportwinkel	[sport·vinkel]
atelier (m) de retouche	klereherstelwinkel	[klere·herstel·vinkel]
location (f) de vêtements	klereverhuurwinkel	[klere·ferhɪr·vinkel]
location (f) de films	videowinkel	[video·vinkel]
cirque (m)	sirkus	[sirkus]
zoo (m)	dieretuin	[dire·tœin]
cinéma (m)	bioskoop	[bioskoep]
musée (m)	museum	[musøəm]

bibliothèque (f)	**biblioteek**	[biblioteek]
théâtre (m)	**teater**	[teatər]
opéra (m)	**opera**	[opera]
boîte (f) de nuit	**nagklub**	[naχ·klup]
casino (m)	**kasino**	[kasino]
mosquée (f)	**moskee**	[moskeə]
synagogue (f)	**sinagoge**	[sinaχoχə]
cathédrale (f)	**katedraal**	[katedrāl]
temple (m)	**tempel**	[tempəl]
église (f)	**kerk**	[kerk]
institut (m)	**kollege**	[kolledʒ]
université (f)	**universiteit**	[unifersitæjt]
école (f)	**skool**	[skoel]
préfecture (f)	**stadhuis**	[stat·hœis]
mairie (f)	**stadhuis**	[stat·hœis]
hôtel (m)	**hotel**	[hotəl]
banque (f)	**bank**	[bank]
ambassade (f)	**ambassade**	[ambassadə]
agence (f) de voyages	**reisagentskap**	[ræjs·aχentskap]
bureau (m) d'information	**inligtingskantoor**	[inliχtiŋs·kantoər]
bureau (m) de change	**wisselkantoor**	[vissəl·kantoər]
métro (m)	**metro**	[metro]
hôpital (m)	**hospitaal**	[hospitāl]
station-service (f)	**petrolstasie**	[petrol·stasi]
parking (m)	**parkeerterrein**	[parkeər·terræjn]

30. Les enseignes. Les panneaux

enseigne (f)	**reklamebord**	[reklamə·bort]
pancarte (f)	**kennisgewing**	[kɛnnis·χeviŋ]
poster (m)	**plakkaat**	[plakkāt]
indicateur (m) de direction	**rigtingwyser**	[riχtiŋ·wajsər]
flèche (f)	**pyl**	[pajl]
avertissement (m)	**waarskuwing**	[vārskuviŋ]
panneau d'avertissement	**waarskuwingsbord**	[vārskuviŋs·bort]
avertir (vt)	**waarsku**	[vārsku]
jour (m) de repos	**rusdag**	[rusdaχ]
horaire (m)	**diensrooster**	[diŋs·roəstər]
heures (f pl) d'ouverture	**besigheidsure**	[besiχæjts·urə]
BIENVENUE!	**WELKOM!**	[vɛlkom!]
ENTRÉE	**INGANG**	[inχaŋ]
SORTIE	**UITGANG**	[œitχaŋ]
POUSSER	**STOOT**	[stoət]
TIRER	**TREK**	[trek]

| OUVERT | OOP | [oəp] |
| FERMÉ | GESLUIT | [χeslœit] |

| FEMMES | DAMES | [dames] |
| HOMMES | MANS | [maŋs] |

RABAIS	AFSLAG	[afslaχ]
SOLDES	UITVERKOPING	[œitferkopiŋ]
NOUVEAU!	NUUT!	[nɪt!]
GRATUIT	GRATIS	[χratis]

ATTENTION!	PAS OP!	[pas op!]
COMPLET	VOLBESPREEK	[folbespreək]
RÉSERVÉ	BESPREEK	[bespreək]

| ADMINISTRATION | ADMINISTRASIE | [administrasi] |
| RÉSERVÉ AU PERSONNEL | SLEGS PERSONEEL | [sleχs personeəl] |

ATTENTION CHIEN MÉCHANT	PAS OP VIR DIE HOND!	[pas op fir di hont!]
DÉFENSE DE FUMER	ROOK VERBODE	[roək ferbodə]
PRIÈRE DE NE PAS TOUCHER	NIE AANRAAK NIE!	[ni ānrāk ni!]

DANGEREUX	GEVAARLIK	[χefārlik]
DANGER	GEVAAR	[χefār]
HAUTE TENSION	HOOGSPANNING	[hoəχ·spanniŋ]
BAIGNADE INTERDITE	NIE SWEM NIE	[ni swem ni]
HORS SERVICE	BUITE WERKING	[bœitə verkiŋ]

INFLAMMABLE	ONTVLAMBAAR	[ontflambār]
INTERDIT	VERBODE	[ferbodə]
PASSAGE INTERDIT	TOEGANG VERBODE!	[tuχaŋ ferbode!]
PEINTURE FRAÎCHE	NAT VERF	[nat ferf]

31. Le shopping

acheter (vt)	koop	[koəp]
achat (m)	aankoop	[ānkoəp]
faire des achats	inkopies doen	[inkopis dun]
shopping (m)	inkoop	[inkoəp]

| être ouvert | oop wees | [oəp veəs] |
| être fermé | toe wees | [tu veəs] |

chaussures (f pl)	skoeisel	[skuisəl]
vêtement (m)	klere	[klerə]
produits (m pl) de beauté	kosmetika	[kosmetika]
produits (m pl) alimentaires	voedingsware	[fudiŋs·warə]
cadeau (m)	present	[present]

vendeur (m)	verkoper	[ferkopər]
vendeuse (f)	verkoopsdame	[ferkoəps·damə]
caisse (f)	kassier	[kassir]

miroir (m)	**spieël**	[spiɛl]
comptoir (m)	**toonbank**	[toən·bank]
cabine (f) d'essayage	**paskamer**	[pas·kamər]

essayer (robe, etc.)	**aanpas**	[ãnpas]
aller bien (robe, etc.)	**pas**	[pas]
plaire (être apprécié)	**hou van**	[hæʊ fan]

prix (m)	**prys**	[prajs]
étiquette (f) de prix	**pryskaartjie**	[prajs·kãrki]
coûter (vt)	**kos**	[kos]
Combien?	**Hoeveel?**	[hufeəl?]
rabais (m)	**afslag**	[afslaχ]

pas cher (adj)	**billik**	[billik]
bon marché (adj)	**goedkoop**	[χudkoəp]
cher (adj)	**duur**	[dɪr]
C'est cher	**dis duur**	[dis dɪr]

location (f)	**verhuur**	[ferhɪr]
louer (une voiture, etc.)	**verhuur**	[ferhɪr]
crédit (m)	**krediet**	[kredit]
à crédit (adv)	**op krediet**	[op kredit]

LES VÊTEMENTS & LES ACCESSOIRES

32. Les vêtements d'extérieur

vêtement (m)	klere	[klerə]
survêtement (m)	oorklere	[oərklerə]
vêtement (m) d'hiver	winterklere	[vintər·klerə]
manteau (m)	jas	[jas]
manteau (m) de fourrure	pelsjas	[pelʃas]
veste (f) de fourrure	kort pelsjas	[kort pelʃas]
manteau (m) de duvet	donsjas	[donʃas]
veste (f) (~ en cuir)	baadjie	[bādʒi]
imperméable (m)	reënjas	[rɛnjas]
imperméable (adj)	waterdig	[vatərdəχ]

33. Les vêtements

chemise (f)	hemp	[hemp]
pantalon (m)	broek	[bruk]
jean (m)	denimbroek	[denim·bruk]
veston (m)	baadjie	[bādʒi]
complet (m)	pak	[pak]
robe (f)	rok	[rok]
jupe (f)	romp	[romp]
chemisette (f)	bloes	[blus]
veste (f) en laine	gebreide baadjie	[χebræjdə bādʒi]
jaquette (f), blazer (m)	baadjie	[bādʒi]
tee-shirt (m)	T-hemp	[te-hemp]
short (m)	kortbroek	[kort·bruk]
costume (m) de sport	sweetpak	[sweet·pak]
peignoir (m) de bain	badjas	[batjas]
pyjama (m)	pajama	[pajama]
chandail (m)	trui	[trœi]
pull-over (m)	trui	[trœi]
gilet (m)	onderbaadjie	[ondər·bādʒi]
queue-de-pie (f)	swaelstertbaadjie	[swaɛlstert·bādʒi]
smoking (m)	aandpak	[āntpak]
uniforme (m)	uniform	[uniform]
tenue (f) de travail	werksklere	[verks·klerə]
salopette (f)	oorpak	[oərpak]
blouse (f) (d'un médecin)	jas	[jas]

34. Les sous-vêtements

sous-vêtements (m pl)	onderklere	[onderklere]
boxer (m)	onderbroek	[onderbruk]
slip (m) de femme	onderbroek	[onderbruk]
maillot (m) de corps	frokkie	[frokki]
chaussettes (f pl)	sokkies	[sokkis]

chemise (f) de nuit	nagrok	[naɣrok]
soutien-gorge (m)	bra	[bra]
chaussettes (f pl) hautes	kniekouse	[kni·kæʊsə]
collants (m pl)	kousbroek	[kæʊsbruk]
bas (m pl)	kouse	[kæʊsə]
maillot (m) de bain	baaikostuum	[bāj·kostɪm]

35. Les chapeaux

chapeau (m)	hoed	[hut]
chapeau (m) feutre	hoed	[hut]
casquette (f) de base-ball	bofbalpet	[bofbal·pet]
casquette (f)	pet	[pet]

béret (m)	mus	[mus]
capuche (f)	kap	[kap]
panama (m)	panamahoed	[panama·hut]
bonnet (m) de laine	gebreide mus	[ɣebræjdə mus]

foulard (m)	kopdoek	[kopduk]
chapeau (m) de femme	dameshoed	[dames·hut]

casque (m) (d'ouvriers)	veiligheidshelm	[fæjliɣæjts·hɛlm]
calot (m)	mus	[mus]
casque (m) (~ de moto)	helmet	[hɛlmet]

melon (m)	bolhoed	[bolhut]
haut-de-forme (m)	hoëhoed	[hoɛhut]

36. Les chaussures

chaussures (f pl)	skoeisel	[skuisəl]
bottines (f pl)	mansskoene	[maɲs·skunə]
souliers (m pl) (~ plats)	damesskoene	[dames·skunə]
bottes (f pl)	laarse	[lārsə]
chaussons (m pl)	pantoffels	[pantoffəls]

tennis (m pl)	tennisskoene	[tɛnnis·skunə]
baskets (f pl)	tekkies	[tɛkkis]
sandales (f pl)	sandale	[sandalə]

cordonnier (m)	skoenmaker	[skun·makər]
talon (m)	hak	[hak]

paire (f)	paar	[pãr]
lacet (m)	skoenveter	[skun·fetər]
lacer (vt)	ryg	[rajχ]
chausse-pied (m)	skoenlepel	[skun·lepəl]
cirage (m)	skoenpolitoer	[skun·politur]

37. Les accessoires personnels

gants (m pl)	handskoene	[handskunə]
moufles (f pl)	duimhandskoene	[dœim·handskunə]
écharpe (f)	serp	[serp]

lunettes (f pl)	bril	[bril]
monture (f)	raam	[rãm]
parapluie (m)	sambreel	[sambreəl]
canne (f)	wandelstok	[vandəl·stok]
brosse (f) à cheveux	haarborsel	[hãr·borsəl]
éventail (m)	waaier	[vãjer]

cravate (f)	das	[das]
nœud papillon (m)	strikkie	[strikki]
bretelles (f pl)	kruisbande	[krœis·bandə]
mouchoir (m)	sakdoek	[sakduk]

peigne (m)	kam	[kam]
barrette (f)	haarspeld	[hãrs·pɛlt]
épingle (f) à cheveux	haarpen	[hãr·pen]
boucle (f)	gespe	[χespə]

ceinture (f)	belt	[bɛlt]
bandoulière (f)	skouerband	[skæʋer·bant]

sac (m)	handsak	[hand·sak]
sac (m) à main	beursie	[bøərsi]
sac (m) à dos	rugsak	[ruχsak]

38. Les vêtements. Divers

mode (f)	mode	[modə]
à la mode (adj)	in die mode	[in di modə]
couturier, créateur de mode	modeontwerper	[mode·ontwerpər]

col (m)	kraag	[krãχ]
poche (f)	sak	[sak]
de poche (adj)	sak-	[sak-]
manche (f)	mou	[mæʋ]
bride (f)	lussie	[lussi]
braguette (f)	gulp	[χulp]

fermeture (f) à glissière	ritssluiter	[rits·slœiter]
agrafe (f)	vasmaker	[fasmakər]
bouton (m)	knoop	[knoəp]

| boutonnière (f) | knoopsgat | [knoəps·χat] |
| s'arracher (bouton) | loskom | [loskom] |

coudre (vi, vt)	naai	[nāi]
broder (vt)	borduur	[bordɪr]
broderie (f)	borduurwerk	[bordɪr·werk]
aiguille (f)	naald	[nālt]
fil (m)	garing	[χariŋ]
couture (f)	soom	[soəm]

se salir (vp)	vuil word	[fœil vort]
tache (f)	vlek	[flek]
se froisser (vp)	kreukel	[krøəkəl]
déchirer (vt)	skeur	[skøər]
mite (f)	mot	[mot]

39. L'hygiène corporelle. Les cosmétiques

dentifrice (m)	tandepasta	[tandə·pasta]
brosse (f) à dents	tandeborsel	[tandə·borsel]
se brosser les dents	tande borsel	[tandə borsel]

rasoir (m)	skeermes	[skeər·mes]
crème (f) à raser	skeerroom	[skeər·roəm]
se raser (vp)	skeer	[skeər]

| savon (m) | seep | [seəp] |
| shampooing (m) | sjampoe | [ʃampu] |

ciseaux (m pl)	skêr	[skær]
lime (f) à ongles	naelvyl	[naɛl·fajl]
pinces (f pl) à ongles	naelknipper	[naɛl·knippər]
pince (f) à épiler	haartangetjie	[hārtaŋeki]

produits (m pl) de beauté	kosmetika	[kosmetika]
masque (m) de beauté	gesigmasker	[χesiχ·maskər]
manucure (f)	manikuur	[manikɪr]
se faire les ongles	laat manikuur	[lāt manikɪr]
pédicurie (f)	voetbehandeling	[fut·behandeliŋ]

trousse (f) de toilette	kosmetika tassie	[kosmetika tassi]
poudre (f)	gesigpoeier	[χesiχ·pujer]
poudrier (m)	poeierdosie	[pujer·dosi]
fard (m) à joues	blosser	[blossər]

parfum (m)	parfuum	[parfɪm]
eau (f) de toilette	reukwater	[røək·vatər]
lotion (f)	vloeiroom	[flui·roəm]
eau de Cologne (f)	reukwater	[røək·vatər]

fard (m) à paupières	oogskadu	[oəχ·skadu]
crayon (m) à paupières	oogomlyner	[oəχ·omlajnər]
mascara (m)	maskara	[maskara]
rouge (m) à lèvres	lipstiffie	[lip·stiffi]

vernis (m) à ongles	naellak	[naɛl·lak]
laque (f) pour les cheveux	haarsproei	[hãrs·prui]
déodorant (m)	reukweermiddel	[røøk·veərmiddəl]
crème (f)	room	[roəm]
crème (f) pour le visage	gesigroom	[χesiχ·roəm]
crème (f) pour les mains	handroom	[hand·roəm]
crème (f) anti-rides	antirimpelroom	[antirimpəl·roəm]
crème (f) de jour	dagroom	[daχ·roəm]
crème (f) de nuit	nagroom	[naχ·roəm]
de jour (adj)	dag-	[daχ-]
de nuit (adj)	nag-	[naχ-]
tampon (m)	tampon	[tampon]
papier (m) de toilette	toiletpapier	[tojlet·papir]
sèche-cheveux (m)	haardroër	[hãr·droɛr]

40. Les montres. Les horloges

montre (f)	polshorlosie	[pols·horlosi]
cadran (m)	wyserplaat	[vajsər·plãt]
aiguille (f)	wyster	[vajstər]
bracelet (m)	metaal horlosiebandjie	[metãl horlosi·bandʒi]
bracelet (m) (en cuir)	horlosiebandjie	[horlosi·bandʒi]
pile (f)	battery	[battəraj]
être déchargé	pap wees	[pap veəs]
avancer (vi)	voorloop	[foərloəp]
retarder (vi)	agterloop	[aχtərloəp]
pendule (f)	muurhorlosie	[mɪr·horlosi]
sablier (m)	uurglas	[ɪr·χlas]
cadran (m) solaire	sonwyser	[son·wajsər]
réveil (m)	wekker	[vɛkkər]
horloger (m)	horlosiemaker	[horlosi·makər]
réparer (vt)	herstel	[herstəl]

L'EXPÉRIENCE QUOTIDIENNE

41. L'argent

argent (m)	geld	[χɛlt]
échange (m)	valutaruil	[faluta·rœil]
cours (m) de change	wisselkoers	[vissəl·kurs]
distributeur (m)	OTM	[o·te·em]
monnaie (f)	muntstuk	[muntstuk]
dollar (m)	dollar	[dollar]
euro (m)	euro	[øəro]
lire (f)	lira	[lira]
mark (m) allemand	Duitse mark	[dœitsə mark]
franc (m)	frank	[frank]
livre sterling (f)	pond sterling	[pont sterliŋ]
yen (m)	yen	[jɛn]
dette (f)	skuld	[skult]
débiteur (m)	skuldenaar	[skuldenãr]
prêter (vt)	uitleen	[œitleən]
emprunter (vt)	leen	[leən]
banque (f)	bank	[bank]
compte (m)	rekening	[rekəniŋ]
verser (dans le compte)	deponeer	[deponeər]
retirer du compte	trek	[trek]
carte (f) de crédit	kredietkaart	[kredit·kãrt]
espèces (f pl)	kontant	[kontant]
chèque (m)	tjek	[ʧek]
chéquier (m)	tjekboek	[ʧek·buk]
portefeuille (m)	beursie	[bøərsi]
bourse (f)	muntstukbeursie	[muntstuk·bøərsi]
coffre fort (m)	brandkas	[brant·kas]
héritier (m)	erfgenaam	[ɛrfχənãm]
héritage (m)	erfenis	[ɛrfenis]
fortune (f)	fortuin	[fortœin]
location (f)	huur	[hɪr]
loyer (m) (argent)	huur	[hɪr]
louer (prendre en location)	huur	[hɪr]
prix (m)	prys	[prajs]
coût (m)	prys	[prajs]
somme (f)	som	[som]
dépenser (vt)	spandeer	[spandeər]

dépenses (f pl)	onkoste	[onkostə]
économiser (vt)	besuinig	[besœinəχ]
économe (adj)	ekonomies	[ɛkonomis]

payer (régler)	betaal	[betãl]
paiement (m)	betaling	[betaliŋ]
monnaie (f) (rendre la ~)	wisselgeld	[vissəl·χɛlt]

impôt (m)	belasting	[belastiŋ]
amende (f)	boete	[butə]
mettre une amende	beboet	[bebut]

42. La poste. Les services postaux

poste (f)	poskantoor	[pos·kantoər]
courrier (m) (lettres, etc.)	pos	[pos]
facteur (m)	posbode	[pos·bodə]
heures (f pl) d'ouverture	besigheidsure	[besiχæjts·urə]

lettre (f)	brief	[brif]
recommandé (m)	geregistreerde brief	[χereχistreərdə brif]
carte (f) postale	poskaart	[pos·kãrt]
télégramme (m)	telegram	[teleχram]
colis (m)	pakkie	[pakki]
mandat (m) postal	geldoorplasing	[χɛld·oərplasiŋ]

recevoir (vt)	ontvang	[ontfaŋ]
envoyer (vt)	stuur	[str]
envoi (m)	versending	[fersendiŋ]

adresse (f)	adres	[adres]
code (m) postal	poskode	[pos·kodə]
expéditeur (m)	sender	[sendər]
destinataire (m)	ontvanger	[ontfaŋər]

| prénom (m) | voornaam | [foərnãm] |
| nom (m) de famille | van | [fan] |

tarif (m)	postarief	[pos·tarif]
normal (adj)	standaard	[standãrt]
économique (adj)	ekonomies	[ɛkonomis]

poids (m)	gewig	[χevəχ]
peser (~ les lettres)	weeg	[veəχ]
enveloppe (f)	koevert	[kufert]
timbre (m)	posseël	[pos·seɛl]

43. Les opérations bancaires

banque (f)	bank	[bank]
agence (f) bancaire	tak	[tak]
conseiller (m)	bankklerk	[bank·klerk]

gérant (m)	bestuurder	[bestɪrdər]
compte (m)	bankrekening	[bank·rekəniŋ]
numéro (m) du compte	rekeningnommer	[rekəniŋ·nommər]
compte (m) courant	tjekrekening	[tʃek·rekəniŋ]
compte (m) sur livret	spaarrekening	[spār·rekəniŋ]

| clôturer le compte | die rekening sluit | [di rekəniŋ slœit] |
| retirer du compte | trek | [trek] |

dépôt (m)	deposito	[deposito]
virement (m) bancaire	telegrafiese oorplasing	[teleχrafisə oərplasiŋ]
faire un transfert	oorplaas	[oərplās]

| somme (f) | som | [som] |
| Combien? | Hoeveel? | [hufeəl?] |

| signature (f) | handtekening | [hand·tekəniŋ] |
| signer (vt) | onderteken | [ondərtekən] |

carte (f) de crédit	kredietkaart	[kredit·kārt]
code (m)	kode	[kodə]
numéro (m) de carte de crédit	kredietkaartnommer	[kredit·kārt·nommər]
distributeur (m)	OTM	[o·te·em]

| chèque (m) | tjek | [tʃek] |
| chéquier (m) | tjekboek | [tʃek·buk] |

| crédit (m) | lening | [leniŋ] |
| gage (m) | waarborg | [vārborχ] |

44. Le téléphone. La conversation téléphonique

téléphone (m)	telefoon	[telefoən]
portable (m)	selfoon	[sɛlfoən]
répondeur (m)	antwoordmasjien	[antwoərt·maʃin]

| téléphoner, appeler | bel | [bəl] |
| appel (m) | oproep | [oprup] |

Allô!	Hallo!	[hallo!]
demander (~ l'heure)	vra	[fra]
répondre (vi, vt)	antwoord	[antwoərt]

entendre (bruit, etc.)	hoor	[hoər]
bien (adv)	goed	[χut]
mal (adv)	nie goed nie	[ni χut ni]
bruits (m pl)	steurings	[støəriŋs]

récepteur (m)	gehoorstuk	[χehoərstuk]
décrocher (vt)	optel	[optəl]
raccrocher (vi)	afskakel	[afskakəl]

| occupé (adj) | besig | [besəχ] |
| sonner (vi) | lui | [lœi] |

carnet (m) de téléphone	telefoongids	[telefoən·χids]
local (adj)	lokale	[lokalə]
appel (m) local	lokale oproep	[lokalə oprup]
interurbain (adj)	langafstand	[lanχ·afstant]
appel (m) interurbain	langafstand oproep	[lanχ·afstant oprup]
international (adj)	internasionale	[internaʃionalə]
appel (m) international	internasionale oproep	[internaʃionalə oprup]

45. Le téléphone portable

portable (m)	selfoon	[sɛlfoən]
écran (m)	skerm	[skerm]
bouton (m)	knoppie	[knɔppi]
carte SIM (f)	SIMkaart	[sim·kãrt]

pile (f)	battery	[battəraj]
être déchargé	pap wees	[pap veəs]
chargeur (m)	batterylaaier	[battəraj·lajer]

menu (m)	spyskaart	[spajs·kãrt]
réglages (m pl)	instellings	[instɛlliŋs]
mélodie (f)	wysie	[vajsi]
sélectionner (vt)	kies	[kis]

calculatrice (f)	sakrekenaar	[sakrekənãr]
répondeur (m)	stempos	[stem·pos]
réveil (m)	wekker	[vɛkkər]
contacts (m pl)	kontakte	[kontaktə]

| SMS (m) | SMS | [es·em·es] |
| abonné (m) | intekenaar | [intekənãr] |

46. La papeterie

| stylo (m) à bille | bolpen | [bol·pen] |
| stylo (m) à plume | vulpen | [ful·pen] |

crayon (m)	potlood	[potloət]
marqueur (m)	merkpen	[merk·pen]
feutre (m)	viltpen	[filt·pen]

| bloc-notes (m) | notaboekie | [nota·buki] |
| agenda (m) | dagboek | [daχ·buk] |

règle (f)	liniaal	[liniãl]
calculatrice (f)	sakrekenaar	[sakrekənãr]
gomme (f)	uitveër	[œitfeɛr]
punaise (f)	duimspyker	[dœim·spajkər]
trombone (m)	skuifspeld	[skœif·spɛlt]

| colle (f) | gom | [χom] |
| agrafeuse (f) | krammasjien | [kram·maʃin] |

| perforateur (m) | ponsmasjien | [pɔŋs·maʃin] |
| taille-crayon (m) | skerpmaker | [skerp·makər] |

47. Les langues étrangères

langue (f)	taal	[tãl]
étranger (adj)	vreemd	[freəmt]
langue (f) étrangère	vreemde taal	[freəmdə tãl]
étudier (vt)	studeer	[studeər]
apprendre (~ l'arabe)	leer	[leər]

lire (vi, vt)	lees	[leəs]
parler (vi, vt)	praat	[prãt]
comprendre (vt)	verstaan	[ferstãn]
écrire (vt)	skryf	[skrajf]

vite (adv)	vinnig	[finnəχ]
lentement (adv)	stadig	[stadəχ]
couramment (adv)	vlot	[flot]

règles (f pl)	reëls	[reɛls]
grammaire (f)	grammatika	[χrammatika]
vocabulaire (m)	woordeskat	[voərdeskat]
phonétique (f)	fonetika	[fonetika]

manuel (m)	handboek	[hand·buk]
dictionnaire (m)	woordeboek	[voərdə·buk]
manuel (m) autodidacte	selfstudie boek	[sɛlfstudi buk]
guide (m) de conversation	taalgids	[tãl·χids]

cassette (f)	kasset	[kasset]
cassette (f) vidéo	videoband	[video·bant]
CD (m)	CD	[se·de]
DVD (m)	DVD	[de·fe·de]

alphabet (m)	alfabet	[alfabet]
épeler (vt)	spel	[spel]
prononciation (f)	uitspraak	[œitsprãk]
accent (m)	aksent	[aksent]

| mot (m) | woord | [voərt] |
| sens (m) | betekenis | [betekenis] |

cours (m pl)	kursus	[kursus]
s'inscrire (vp)	inskryf	[inskrajf]
professeur (m) (~ d'anglais)	onderwyser	[ondərwajsər]

traduction (f) (action)	vertaling	[fertaliŋ]
traduction (f) (texte)	vertaling	[fertaliŋ]
traducteur (m)	vertaler	[fertalər]
interprète (m)	tolk	[tolk]

| polyglotte (m) | poliglot | [poliχlot] |
| mémoire (f) | geheue | [χəhøə] |

LES REPAS. LE RESTAURANT

48. Le dressage de la table

cuillère (f)	lepel	[lepəl]
couteau (m)	mes	[mes]
fourchette (f)	vurk	[furk]
tasse (f)	koppie	[koppi]
assiette (f)	bord	[bort]
soucoupe (f)	piering	[piriŋ]
serviette (f)	servet	[serfət]
cure-dent (m)	tandestokkie	[tandə·stokki]

49. Le restaurant

restaurant (m)	restaurant	[restɔurant]
salon (m) de café	koffiekroeg	[kɔffi·kruχ]
bar (m)	kroeg	[kruχ]
salon (m) de thé	teekamer	[teə·kamər]
serveur (m)	kelner	[kɛlnər]
serveuse (f)	kelnerin	[kɛlnerin]
barman (m)	kroegman	[kruχman]
carte (f)	spyskaart	[spajs·kārt]
carte (f) des vins	wyn	[vajn]
réserver une table	wynkaart	[vajn·kārt]
plat (m)	gereg	[χerəχ]
commander (vt)	bestel	[bestəl]
faire la commande	bestel	[bestəl]
apéritif (m)	drankie	[dranki]
hors-d'œuvre (m)	voorgereg	[foərχerəχ]
dessert (m)	nagereg	[naχerəχ]
addition (f)	rekening	[rekəniŋ]
régler l'addition	die rekening betaal	[di rekeniŋ betāl]
rendre la monnaie	kleingeld gee	[klæjn·χɛlt χeə]
pourboire (m)	fooitjie	[fojki]

50. Les repas

nourriture (f)	kos	[kos]
manger (vi, vt)	eet	[eət]

petit déjeuner (m)	ontbyt	[ontbajt]
prendre le petit déjeuner	ontbyt	[ontbajt]
déjeuner (m)	middagete	[middaχ·etə]
déjeuner (vi)	gaan eet	[χãn eət]
dîner (m)	aandete	[ãndetə]
dîner (vi)	aandete gebruik	[ãndetə χebrœik]

| appétit (m) | aptyt | [aptajt] |
| Bon appétit! | Smaaklike ete! | [smãklikə etə!] |

ouvrir (vt)	oopmaak	[oəpmãk]
renverser (liquide)	mors	[mors]
se renverser (liquide)	mors	[mors]

bouillir (vi)	kook	[koək]
faire bouillir	kook	[koək]
bouilli (l'eau ~e)	gekook	[χekoək]
refroidir (vt)	laat afkoel	[lãt afkul]
se refroidir (vp)	afkoel	[afkul]

| goût (m) | smaak | [smãk] |
| arrière-goût (m) | nasmaak | [nasmãk] |

suivre un régime	vermaer	[fermaər]
régime (m)	dieet	[diət]
vitamine (f)	vitamien	[fitamin]
calorie (f)	kalorie	[kalori]
végétarien (m)	vegetariër	[feχetariɛr]
végétarien (adj)	vegetaries	[feχetaris]

lipides (m pl)	vette	[fɛttə]
protéines (f pl)	proteïen	[proteïen]
glucides (m pl)	koolhidrate	[koəlhidratə]

tranche (f)	snytjie	[snajki]
morceau (m)	stuk	[stuk]
miette (f)	krummel	[krumməl]

51. Les plats cuisinés

plat (m)	gereg	[χerəχ]
cuisine (f)	kookkuns	[koək·kuns]
recette (f)	resep	[resep]
portion (f)	porsie	[porsi]

| salade (f) | slaai | [slãi] |
| soupe (f) | sop | [sop] |

bouillon (m)	helder sop	[hɛldər sop]
sandwich (m)	toebroodjie	[tubroədʒi]
les œufs brouillés	gabakte eiers	[χabakte æjers]

| hamburger (m) | hamburger | [hamburχər] |
| steak (m) | biefstuk | [bifstuk] |

garniture (f)	sygereg	[saj·χerəχ]
spaghettis (m pl)	spaghetti	[spaχɛtti]
purée (f)	kapokaartappels	[kapok·ārtappəls]
pizza (f)	pizza	[pizza]
bouillie (f)	pap	[pap]
omelette (f)	omelet	[oməlet]

cuit à l'eau (adj)	gekook	[χekoək]
fumé (adj)	gerook	[χeroək]
frit (adj)	gebak	[χebak]
sec (adj)	gedroog	[χedroəχ]
congelé (adj)	gevries	[χefris]
mariné (adj)	gepiekel	[χepikəl]

sucré (adj)	soet	[sut]
salé (adj)	sout	[sæʊt]
froid (adj)	koud	[kæʊt]
chaud (adj)	warm	[varm]
amer (adj)	bitter	[bittər]
bon (savoureux)	smaaklik	[smāklik]

cuire à l'eau	kook in water	[koək in vatər]
préparer (le dîner)	kook	[koək]
faire frire	braai	[braj]
réchauffer (vt)	opwarm	[opwarm]

saler (vt)	sout	[sæʊt]
poivrer (vt)	peper	[pepər]
râper (vt)	rasp	[rasp]
peau (f)	skil	[skil]
éplucher (vt)	skil	[skil]

52. Les aliments

viande (f)	vleis	[flæjs]
poulet (m)	hoender	[hundər]
poulet (m) (poussin)	braaikuiken	[brāj·kœiken]
canard (m)	eend	[eent]
oie (f)	gans	[χaŋs]
gibier (m)	wild	[vilt]
dinde (f)	kalkoen	[kalkun]

du porc	varkvleis	[fark·flæjs]
du veau	kalfsvleis	[kalfs·flæjs]
du mouton	lamsvleis	[lams·flæjs]
du bœuf	beesvleis	[beəs·flæjs]
lapin (m)	konynvleis	[konajn·flæjs]

saucisson (m)	wors	[vors]
saucisse (f)	Weense worsie	[veɛŋsə vorsi]
bacon (m)	spek	[spek]
jambon (m)	ham	[ham]
cuisse (f)	gerookte ham	[χeroəktə ham]
pâté (m)	patee	[pateə]

foie (m)	lewer	[levər]
farce (f)	maalvleis	[mãl·flæjs]
langue (f)	tong	[toŋ]

œuf (m)	eier	[æjer]
les œufs	eiers	[æjers]
blanc (m) d'œuf	eierwit	[æjer·wit]
jaune (m) d'œuf	dooier	[dojer]

poisson (m)	vis	[fis]
fruits (m pl) de mer	seekos	[seə·kos]
crustacés (m pl)	skaaldiere	[skãldirə]
caviar (m)	kaviaar	[kafiãr]

crabe (m)	krab	[krap]
crevette (f)	garnaal	[χarnãl]
huître (f)	oester	[ustər]
langoustine (f)	seekreef	[seə·kreəf]
poulpe (m)	seekat	[seə·kat]
calamar (m)	pylinkvis	[pajl·inkfis]

esturgeon (m)	steur	[støər]
saumon (m)	salm	[salm]
flétan (m)	heilbot	[hæjlbot]

morue (f)	kabeljou	[kabeljæʊ]
maquereau (m)	makriel	[makril]
thon (m)	tuna	[tuna]
anguille (f)	paling	[paliŋ]

truite (f)	forel	[forəl]
sardine (f)	sardyn	[sardajn]
brochet (m)	varswatersnoek	[farswatər·snuk]
hareng (m)	haring	[hariŋ]

pain (m)	brood	[broət]
fromage (m)	kaas	[kãs]
sucre (m)	suiker	[sœikər]
sel (m)	sout	[sæʊt]

riz (m)	rys	[rajs]
pâtes (m pl)	pasta	[pasta]
nouilles (f pl)	noedels	[nudɛls]

beurre (m)	botter	[bottər]
huile (f) végétale	plantaardige olie	[plantãrdiχə oli]
huile (f) de tournesol	sonblomolie	[sonblom·oli]
margarine (f)	margarien	[marχarin]

| olives (f pl) | olywe | [olajvə] |
| huile (f) d'olive | olyfolie | [olajf·oli] |

lait (m)	melk	[melk]
lait (m) condensé	kondensmelk	[kondɛŋs·melk]
yogourt (m)	jogurt	[joχurt]
crème (f) aigre	suurroom	[sɪr·roəm]

crème (f) (de lait)	room	[roəm]
sauce (f) mayonnaise	mayonnaise	[majonɛs]
crème (f) au beurre	crème	[krɛm]
gruau (m)	ontbytgraan	[ontbajt·χrān]
farine (f)	meelblom	[meəl·blom]
conserves (f pl)	blikkieskos	[blikkis·kos]
pétales (m pl) de maïs	mielievlokkies	[mili·flokkis]
miel (m)	heuning	[høəniŋ]
confiture (f)	konfyt	[konfajt]
gomme (f) à mâcher	kougom	[kæʊχom]

53. Les boissons

eau (f)	water	[vatər]
eau (f) potable	drinkwater	[drink·vatər]
eau (f) minérale	mineraalwater	[minerāl·vatər]
plate (adj)	sonder gas	[sondər χas]
gazeuse (l'eau ~)	soda-	[soda-]
pétillante (adj)	bruis-	[brœis-]
glace (f)	ys	[ajs]
avec de la glace	met ys	[met ajs]
sans alcool	nie-alkoholies	[ni-alkoholis]
boisson (f) non alcoolisée	koeldrank	[kul·drank]
rafraîchissement (m)	verfrissende drank	[ferfrissendə drank]
limonade (f)	limonade	[limonadə]
boissons (f pl) alcoolisées	likeure	[likøərə]
vin (m)	wyn	[vajn]
vin (m) blanc	witwyn	[vit·vajn]
vin (m) rouge	rooiwyn	[roj·vajn]
liqueur (f)	likeur	[likøər]
champagne (m)	sjampanje	[ʃampanje]
vermouth (m)	vermoet	[fermut]
whisky (m)	whisky	[vhiskaj]
vodka (f)	vodka	[fodka]
gin (m)	jenever	[jenefər]
cognac (m)	brandewyn	[brandə·vajn]
rhum (m)	rum	[rum]
café (m)	koffie	[koffi]
café (m) noir	swart koffie	[swart koffi]
café (m) au lait	koffie met melk	[koffi met melk]
cappuccino (m)	capuccino	[kaputʃino]
café (m) soluble	poeierkoffie	[pujer·koffi]
lait (m)	melk	[melk]
cocktail (m)	mengeldrankie	[menχəl·dranki]
cocktail (m) au lait	melkskommel	[melk·skomməl]

55

jus (m)	sap	[sap]
jus (m) de tomate	tamatiesap	[tamati·sap]
jus (m) d'orange	lemoensap	[lemoən·sap]
jus (m) pressé	vars geparste sap	[fars χeparstə sap]

bière (f)	bier	[bir]
bière (f) blonde	ligte bier	[liχtə bir]
bière (f) brune	donker bier	[donkər bir]

thé (m)	tee	[teə]
thé (m) noir	swart tee	[swart teə]
thé (m) vert	groen tee	[χrun teə]

54. Les légumes

| légumes (m pl) | groente | [χruntə] |
| verdure (f) | groente | [χruntə] |

tomate (f)	tamatie	[tamati]
concombre (m)	komkommer	[komkommər]
carotte (f)	wortel	[vortəl]
pomme (f) de terre	aartappel	[ārtappəl]
oignon (m)	ui	[œi]
ail (m)	knoffel	[knoffəl]

chou (m)	kool	[koəl]
chou-fleur (m)	blomkool	[blom·koəl]
chou (m) de Bruxelles	Brusselspruite	[brussɛl·sprœeitə]
brocoli (m)	broccoli	[brokoli]

betterave (f)	beet	[beət]
aubergine (f)	eiervrug	[æjerfruχ]
courgette (f)	vingerskorsie	[fiɲər·skorsi]

| potiron (m) | pampoen | [pampun] |
| navet (m) | raap | [rāp] |

persil (m)	pietersielie	[pitərsili]
fenouil (m)	dille	[dillə]
laitue (f) (salade)	slaai	[slāi]
céleri (m)	seldery	[selderaj]

| asperge (f) | aspersie | [aspersi] |
| épinard (m) | spinasie | [spinasi] |

| pois (m) | ertjie | [ɛrki] |
| fèves (f pl) | boontjies | [boənkis] |

| maïs (m) | mielie | [mili] |
| haricot (m) | nierboontjie | [nir·boənki] |

poivron (m)	paprika	[paprika]
radis (m)	radys	[radajs]
artichaut (m)	artisjok	[artiʃok]

55. Les fruits. Les noix

fruit (m)	**vrugte**	[fruχtə]
pomme (f)	**appel**	[appəl]
poire (f)	**peer**	[peər]
citron (m)	**suurlemoen**	[sɪr·lemun]
orange (f)	**lemoen**	[lemun]
fraise (f)	**aarbei**	[ārbæj]
mandarine (f)	**nartjie**	[narki]
prune (f)	**pruim**	[prœim]
pêche (f)	**perske**	[perskə]
abricot (m)	**appelkoos**	[appɛlkoəs]
framboise (f)	**framboos**	[framboəs]
ananas (m)	**pynappel**	[pajnappəl]
banane (f)	**piesang**	[pisaŋ]
pastèque (f)	**waatlemoen**	[vātlemun]
raisin (m)	**druif**	[drœif]
cerise (f)	**suurkersie**	[sɪr·kersi]
merise (f)	**soetkersie**	[sut·kersi]
melon (m)	**spanspek**	[spaŋspek]
pamplemousse (m)	**pomelo**	[pomelo]
avocat (m)	**avokado**	[afokado]
papaye (f)	**papaja**	[papaja]
mangue (f)	**mango**	[manχo]
grenade (f)	**granaat**	[χranãt]
groseille (f) rouge	**rooi aalbessie**	[roj ālbɛssi]
cassis (m)	**swartbessie**	[swartbɛssi]
groseille (f) verte	**appelliefie**	[appɛllifi]
myrtille (f)	**bosbessie**	[bosbɛssi]
mûre (f)	**braambessie**	[brãmbɛssi]
raisin (m) sec	**rosyntjie**	[rosajnki]
figue (f)	**vy**	[faj]
datte (f)	**dadel**	[dadəl]
cacahuète (f)	**grondboontjie**	[χront·boənki]
amande (f)	**amandel**	[amandəl]
noix (f)	**okkerneut**	[okkər·nøət]
noisette (f)	**haselneut**	[hasɛl·nøət]
noix (f) de coco	**klapper**	[klappər]
pistaches (f pl)	**pistachio**	[pistatʃio]

56. Le pain. Les confiseries

confiserie (f)	**soet gebak**	[sut χebak]
pain (m)	**brood**	[broət]
biscuit (m)	**koekies**	[kukis]
chocolat (m)	**sjokolade**	[ʃokoladə]
en chocolat (adj)	**sjokolade**	[ʃokoladə]

bonbon (m)	lekkers	[lɛkkərs]
gâteau (m), pâtisserie (f)	koek	[kuk]
tarte (f)	koek	[kuk]

| gâteau (m) | pastei | [pastæj] |
| garniture (f) | vulsel | [fulsəl] |

confiture (f)	konfyt	[konfajt]
marmelade (f)	marmelade	[marmeladə]
gaufre (f)	wafels	[vafɛls]
glace (f)	roomys	[roəm·ajs]
pudding (m)	poeding	[pudiŋ]

57. Les épices

sel (m)	sout	[sæʊt]
salé (adj)	sout	[sæʊt]
saler (vt)	sout	[sæʊt]

poivre (m) noir	swart peper	[swart pepər]
poivre (m) rouge	rooi peper	[roj pepər]
moutarde (f)	mosterd	[mostert]
raifort (m)	peperwortel	[peper·wortəl]

condiment (m)	smaakmiddel	[smāk·middəl]
épice (f)	spesery	[spesəraj]
sauce (f)	sous	[sæʊs]
vinaigre (m)	asyn	[asajn]

anis (m)	anys	[anajs]
basilic (m)	basilikum	[basilikum]
clou (m) de girofle	naeltjies	[naɛlkis]
gingembre (m)	gemmer	[χɛmmər]
coriandre (m)	koljander	[koljandər]
cannelle (f)	kaneel	[kaneəl]

sésame (m)	sesamsaad	[sesam·sāt]
feuille (f) de laurier	lourierblaar	[læʊrir·blār]
paprika (m)	paprika	[paprika]
cumin (m)	komynsaad	[komajnsāt]
safran (m)	saffraan	[saffrān]

LES DONNÉES PERSONNELLES. LA FAMILLE

58. Les données personnelles. Les formulaires

prénom (m)	voornaam	[foərnãm]
nom (m) de famille	van	[fan]
date (f) de naissance	geboortedatum	[χeboərtə·datum]
lieu (m) de naissance	geboorteplek	[χeboərtə·plek]
nationalité (f)	nasionaliteit	[naʃionalitæjt]
domicile (m)	woonplek	[voən·plek]
pays (m)	land	[lant]
profession (f)	beroep	[berup]
sexe (m)	geslag	[χeslaχ]
taille (f)	lengte	[leŋtə]
poids (m)	gewig	[χevəχ]

59. La famille. Les liens de parenté

mère (f)	moeder	[mudər]
père (m)	vader	[fadər]
fils (m)	seun	[søən]
fille (f)	dogter	[doχtər]
fille (f) cadette	jonger dogter	[joŋər doχtər]
fils (m) cadet	jonger seun	[joŋər søən]
fille (f) aînée	oudste dogter	[æudstə doχtər]
fils (m) aîné	oudste seun	[æudstə søən]
frère (m)	broer	[brur]
frère (m) aîné	ouer broer	[æuer brur]
frère (m) cadet	jonger broer	[joŋər brur]
sœur (f)	suster	[sustər]
sœur (f) aînée	ouer suster	[æuer sustər]
sœur (f) cadette	jonger suster	[joŋər sustər]
cousin (m)	neef	[neəf]
cousine (f)	neef	[neəf]
maman (f)	ma	[ma]
papa (m)	pa	[pa]
parents (m pl)	ouers	[æuers]
enfant (m, f)	kind	[kint]
enfants (pl)	kinders	[kindərs]
grand-mère (f)	ouma	[æuma]
grand-père (m)	oupa	[æupa]

petit-fils (m)	**kleinseun**	[klæjn·søən]
petite-fille (f)	**kleindogter**	[klæjn·doχtər]
petits-enfants (pl)	**kleinkinders**	[klæjn·kindərs]
oncle (m)	**oom**	[oəm]
tante (f)	**tante**	[tantə]
neveu (m)	**neef**	[neəf]
nièce (f)	**nig**	[niχ]
belle-mère (f)	**skoonma**	[skoən·ma]
beau-père (m)	**skoonpa**	[skoən·pa]
gendre (m)	**skoonseun**	[skoən·søən]
belle-mère (f)	**stiefma**	[stifma]
beau-père (m)	**stiefpa**	[stifpa]
nourrisson (m)	**baba**	[baba]
bébé (m)	**baba**	[baba]
petit (m)	**seuntjie**	[søənki]
femme (f)	**vrou**	[fræʊ]
mari (m)	**man**	[man]
époux (m)	**eggenoot**	[ɛχχenoət]
épouse (f)	**eggenote**	[ɛχχenotə]
marié (adj)	**getroud**	[χetræʊt]
mariée (adj)	**getroud**	[χetræʊt]
célibataire (adj)	**ongetroud**	[onχetræʊt]
célibataire (m)	**vrygesel**	[frajχesəl]
divorcé (adj)	**geskei**	[χeskæj]
veuve (f)	**weduwee**	[veduveə]
veuf (m)	**wedunaar**	[vedunãr]
parent (m)	**familielid**	[famililit]
parent (m) proche	**na familie**	[na famili]
parent (m) éloigné	**ver familie**	[fer famili]
parents (m pl)	**familielede**	[famililedə]
orphelin (m)	**weeskind**	[veəskint]
orpheline (f)	**weeskind**	[veəskint]
tuteur (m)	**voog**	[foəχ]
adopter (un garçon)	**aanneem**	[ãnneəm]
adopter (une fille)	**aanneem**	[ãnneəm]

60. Les amis. Les collègues

ami (m)	**vriend**	[frint]
amie (f)	**vriendin**	[frindin]
amitié (f)	**vriendskap**	[frindskap]
être ami	**bevriend wees**	[befrint veəs]
copain (m)	**maat**	[mãt]
copine (f)	**vriendin**	[frindin]
partenaire (m)	**maat**	[mãt]
chef (m)	**baas**	[bãs]

supérieur (m)	**baas**	[bãs]
propriétaire (m)	**eienaar**	[æjenãr]
subordonné (m)	**ondergeskikte**	[ondərχeskiktə]
collègue (m, f)	**kollega**	[kolleχa]
connaissance (f)	**kennis**	[kɛnnis]
compagnon (m) de route	**medereisiger**	[medə·ræjsiχər]
copain (m) de classe	**klasmaat**	[klas·mãt]
voisin (m)	**buurman**	[bɪrman]
voisine (f)	**buurvrou**	[bɪrfræʊ]
voisins (m pl)	**bure**	[burə]

LE CORPS HUMAIN. LES MÉDICAMENTS

61. La tête

tête (f)	**kop**	[kop]
visage (m)	**gesig**	[χesəχ]
nez (m)	**neus**	[nøəs]
bouche (f)	**mond**	[mont]
œil (m)	**oog**	[oəχ]
les yeux	**oë**	[oɛ]
pupille (f)	**pupil**	[pupil]
sourcil (m)	**wenkbrou**	[vɛnk·bræʋ]
cil (m)	**ooghaar**	[oəχ·hār]
paupière (f)	**ooglid**	[oəχ·lit]
langue (f)	**tong**	[toŋ]
dent (f)	**tand**	[tant]
lèvres (f pl)	**lippe**	[lippə]
pommettes (f pl)	**wangbene**	[vaŋ·benə]
gencive (f)	**tandvleis**	[tand·flæjs]
palais (m)	**verhemelte**	[fer·hemɛltə]
narines (f pl)	**neusgate**	[nøəsχatə]
menton (m)	**ken**	[ken]
mâchoire (f)	**kakebeen**	[kakebeən]
joue (f)	**wang**	[vaŋ]
front (m)	**voorhoof**	[foərhoəf]
tempe (f)	**slaap**	[slāp]
oreille (f)	**oor**	[oər]
nuque (f)	**agterkop**	[aχtərkop]
cou (m)	**nek**	[nek]
gorge (f)	**keel**	[keəl]
cheveux (m pl)	**haar**	[hār]
coiffure (f)	**kapsel**	[kapsəl]
coupe (f)	**haarstyl**	[hārstajl]
perruque (f)	**pruik**	[prœik]
moustache (f)	**snor**	[snor]
barbe (f)	**baard**	[bārt]
porter (~ la barbe)	**dra**	[dra]
tresse (f)	**vlegsel**	[fleχsəl]
favoris (m pl)	**bakkebaarde**	[bakkəbārdə]
roux (adj)	**rooiharig**	[roj·harəχ]
gris, grisonnant (adj)	**grys**	[χrajs]
chauve (adj)	**kaal**	[kāl]
calvitie (f)	**kaal plek**	[kāl plek]

| queue (f) de cheval | poniestert | [poni·stert] |
| frange (f) | gordyntjiekapsel | [χordajnki·kapsəl] |

62. Le corps humain

| main (f) | hand | [hant] |
| bras (m) | arm | [arm] |

doigt (m)	vinger	[fiŋər]
orteil (m)	toon	[toən]
pouce (m)	duim	[dœim]
petit doigt (m)	pinkie	[pinki]
ongle (m)	nael	[naəl]

poing (m)	vuis	[fœis]
paume (f)	palm	[palm]
poignet (m)	pols	[pols]
avant-bras (m)	voorarm	[foərarm]
coude (m)	elmboog	[ɛlmboəχ]
épaule (f)	skouer	[skæʊər]

jambe (f)	been	[beən]
pied (m)	voet	[fut]
genou (m)	knie	[kni]
mollet (m)	kuit	[kœit]
hanche (f)	heup	[høəp]
talon (m)	hakskeen	[hak·skeən]

corps (m)	liggaam	[liχχām]
ventre (m)	maag	[māχ]
poitrine (f)	bors	[bors]
sein (m)	bors	[bors]
côté (m)	sy	[saj]
dos (m)	rug	[ruχ]
reins (région lombaire)	lae rug	[laə ruχ]
taille (f) (~ de guêpe)	middel	[middəl]

nombril (m)	naeltjie	[naɛlki]
fesses (f pl)	boude	[bæʊdə]
derrière (m)	sitvlak	[sitflak]

grain (m) de beauté	moesie	[musi]
tache (f) de vin	moedervlek	[mudər·flek]
tatouage (m)	tatoe	[tatu]
cicatrice (f)	litteken	[littekən]

63. Les maladies

maladie (f)	siekte	[siktə]
être malade	siek wees	[sik veəs]
santé (f)	gesondheid	[χesonthæjt]
rhume (m) (coryza)	loopneus	[loəpnøəs]

| angine (f) | keelontsteking | [keəl·ontstekiŋ] |
| refroidissement (m) | verkoue | [ferkæuə] |

bronchite (f)	bronchitis	[bronχitis]
pneumonie (f)	longontsteking	[loŋ·ontstekiŋ]
grippe (f)	griep	[χrip]

myope (adj)	bysiende	[bajsində]
presbyte (adj)	versiende	[fersində]
strabisme (m)	skeelheid	[skeəlhæjt]
strabique (adj)	skeel	[skeəl]
cataracte (f)	katarak	[katarak]
glaucome (m)	gloukoom	[χlæukoəm]

insulte (f)	beroerte	[berurtə]
crise (f) cardiaque	hartaanval	[hart·ānfal]
infarctus (m) de myocarde	hartinfark	[hart·infark]
paralysie (f)	verlamming	[ferlammiŋ]
paralyser (vt)	verlam	[ferlam]

allergie (f)	allergie	[allerχi]
asthme (m)	asma	[asma]
diabète (m)	suikersiekte	[sœikər·siktə]

| mal (m) de dents | tandpyn | [tand·pajn] |
| carie (f) | tandbederf | [tand·bederf] |

diarrhée (f)	diarree	[diarreə]
constipation (f)	hardlywigheid	[hardlajviχæjt]
estomac (m) barbouillé	maagongesteldheid	[māχ·oŋəstɛldhæjt]
intoxication (f) alimentaire	voedselvergiftiging	[fudsəl·ferχiftəχiŋ]
être intoxiqué	voedselvergiftiging kry	[fudsəl·ferχiftəχiŋ kraj]

arthrite (f)	artritis	[artritis]
rachitisme (m)	Engelse siekte	[ɛŋəlsə siktə]
rhumatisme (m)	reumatiek	[røəmatik]
athérosclérose (f)	artrosklerose	[artrosklerosə]

gastrite (f)	maagontsteking	[māχ·ontstekiŋ]
appendicite (f)	blindedermontsteking	[blindəderm·ontstekiŋ]
cholécystite (f)	galblaasontsteking	[χalblās·ontstekiŋ]
ulcère (m)	maagsweer	[māχsweər]

rougeole (f)	masels	[masɛls]
rubéole (f)	Duitse masels	[dœitsə masɛls]
jaunisse (f)	geelsug	[χeəlsuχ]
hépatite (f)	hepatitis	[hepatitis]

schizophrénie (f)	skisofrenie	[skisofreni]
rage (f) (hydrophobie)	hondsdolheid	[hondsdolhæjt]
névrose (f)	neurose	[nøərosə]
commotion (f) cérébrale	harsingskudding	[harsiŋ·skuddiŋ]

cancer (m)	kanker	[kankər]
sclérose (f)	sklerose	[sklerosə]
sclérose (f) en plaques	veelvuldige sklerose	[feəlfuldiχə sklerosə]

alcoolisme (m)	alkoholisme	[alkoholismə]
alcoolique (m)	alkoholikus	[alkoholikus]
syphilis (f)	sifilis	[sifilis]
SIDA (m)	VIGS	[vigs]

tumeur (f)	tumor	[tumor]
maligne (adj)	kwaadaardig	[kwādārdəχ]
bénigne (adj)	goedaardig	[χudārdəχ]

fièvre (f)	koors	[koərs]
malaria (f)	malaria	[malaria]
gangrène (f)	gangreen	[χanχreən]
mal (m) de mer	seesiekte	[seə·siktə]
épilepsie (f)	epilepsie	[ɛpilepsi]

épidémie (f)	epidemie	[ɛpidemi]
typhus (m)	tifus	[tifus]
tuberculose (f)	tuberkulose	[tuberkulosə]
choléra (m)	cholera	[χolera]
peste (f)	pes	[pes]

64. Les symptômes. Le traitement. Partie 1

symptôme (m)	simptoom	[simptoəm]
température (f)	temperatuur	[temperatɪr]
fièvre (f)	koors	[koərs]
pouls (m)	polsslag	[pols·slaχ]

vertige (m)	duiseligheid	[dœiseliχæjt]
chaud (adj)	warm	[varm]
frisson (m)	koue rillings	[kæʊə rilliŋs]
pâle (adj)	bleek	[bleək]

toux (f)	hoes	[hus]
tousser (vi)	hoes	[hus]
éternuer (vi)	nies	[nis]
évanouissement (m)	floute	[flæʊtə]
s'évanouir (vp)	flou word	[flæʊ vort]

bleu (m)	blou kol	[blæʊ kol]
bosse (f)	knop	[knop]
se heurter (vp)	stamp	[stamp]
meurtrissure (f)	besering	[beseriŋ]

boiter (vi)	hink	[hink]
foulure (f)	ontwrigting	[ontwriχtiŋ]
se démettre (l'épaule, etc.)	ontwrig	[ontwrəχ]
fracture (f)	breuk	[brøək]
avoir une fracture	n breuk hê	[n brøək hɛ:]

coupure (f)	sny	[snaj]
se couper (~ le doigt)	jouself sny	[jæʊsɛlf snaj]
hémorragie (f)	bloeding	[bludiŋ]
brûlure (f)	brandwond	[brant·vont]

se brûler (vp)	jouself brand	[jæusɛlf brant]
se piquer (le doigt)	prik	[prik]
se piquer (vp)	jouself prik	[jæusɛlf prik]
blesser (vt)	seermaak	[seərmãk]
blessure (f)	besering	[beseriŋ]
plaie (f) (blessure)	wond	[vont]
trauma (m)	trauma	[trɔuma]
délirer (vi)	yl	[ajl]
bégayer (vi)	stotter	[stottər]
insolation (f)	sonsteek	[sɔŋ·steək]

65. Les symptômes. Le traitement. Partie 2

douleur (f)	pyn	[pajn]
écharde (f)	splinter	[splintər]
sueur (f)	sweet	[sweət]
suer (vi)	sweet	[sweət]
vomissement (m)	braak	[brãk]
spasmes (m pl)	stuiptrekkings	[stœip·trɛkkiŋs]
enceinte (adj)	swanger	[swaŋər]
naître (vi)	gebore word	[χebərə vort]
accouchement (m)	geboorte	[χeboərtə]
accoucher (vi)	baar	[bãr]
avortement (m)	aborsie	[aborsi]
respiration (f)	asemhaling	[asemhaliŋ]
inhalation (f)	inaseming	[inasemiŋ]
expiration (f)	uitaseming	[œitasemiŋ]
expirer (vi)	uitasem	[œitasem]
inspirer (vi)	inasem	[inasem]
invalide (m)	invalide	[infalidə]
handicapé (m)	kreupel	[krøəpəl]
drogué (m)	dwelmslaaf	[dwɛlm·slãf]
sourd (adj)	doof	[doəf]
muet (adj)	stom	[stom]
sourd-muet (adj)	doofstom	[doəf·stom]
fou (adj)	swaksinnig	[swaksinnəχ]
fou (m)	kranksinnige	[kranksinniχə]
folle (f)	kranksinnige	[kranksinniχə]
devenir fou	kranksinnig word	[kranksinnəχ vort]
gène (m)	geen	[χeən]
immunité (f)	immuniteit	[immunitæjt]
héréditaire (adj)	erflik	[ɛrflik]
congénital (adj)	aangebore	[ãnχəbərə]
virus (m)	virus	[firus]
microbe (m)	mikrobe	[mikrobə]

| bactérie (f) | bakterie | [bakteri] |
| infection (f) | infeksie | [infeksi] |

66. Les symptômes. Le traitement. Partie 3

| hôpital (m) | hospitaal | [hospitāl] |
| patient (m) | pasiënt | [pasiɛnt] |

diagnostic (m)	diagnose	[diaχnosə]
cure (f) (faire une ~)	genesing	[χenesiŋ]
traitement (m)	mediese behandeling	[medisə behandəliŋ]
se faire soigner	behandeling kry	[behandəliŋ kraj]
traiter (un patient)	behandel	[behandəl]
soigner (un malade)	versorg	[fersorχ]
soins (m pl)	versorging	[fersorχiŋ]

opération (f)	operasie	[operasi]
panser (vt)	verbind	[ferbint]
pansement (m)	verband	[ferbant]

vaccination (f)	inenting	[inɛntiŋ]
vacciner (vt)	inent	[inɛnt]
piqûre (f)	inspuiting	[inspœitiŋ]

crise, attaque (f)	aanval	[ānfal]
amputation (f)	amputasie	[amputasi]
amputer (vt)	amputeer	[amputeər]
coma (m)	koma	[koma]
réanimation (f)	intensiewe sorg	[intɛnsivə sorχ]

se rétablir (vp)	herstel	[herstəl]
état (m) (de santé)	kondisie	[kondisi]
conscience (f)	bewussyn	[bevussajn]
mémoire (f)	geheue	[χəhøə]

arracher (une dent)	trek	[trek]
plombage (m)	vulsel	[fulsəl]
plomber (vt)	vul	[ful]

| hypnose (f) | hipnose | [hipnosə] |
| hypnotiser (vt) | hipnotiseer | [hipnotiseər] |

67. Les médicaments. Les accessoires

médicament (m)	medisyn	[medisajn]
remède (m)	geneesmiddel	[χeneəs·middəl]
prescrire (vt)	voorskryf	[foərskrajf]
ordonnance (f)	voorskrif	[foərskrif]

comprimé (m)	pil	[pil]
onguent (m)	salf	[salf]
ampoule (f)	ampul	[ampul]

mixture (f)	mengsel	[meŋsəl]
sirop (m)	stroop	[stroəp]
pilule (f)	pil	[pil]
poudre (f)	poeier	[pujer]

bande (f)	verband	[ferbant]
coton (m) (ouate)	watte	[vattə]
iode (m)	iodium	[iodium]

sparadrap (m)	pleister	[plæjstər]
compte-gouttes (m)	oogdrupper	[oəχ·druppər]
thermomètre (m)	termometer	[termometər]
seringue (f)	spuitnaald	[spœit·nãlt]

| fauteuil (m) roulant | rolstoel | [rol·stul] |
| béquilles (f pl) | krukke | [krukkə] |

anesthésique (m)	pynstiller	[pajn·stillər]
purgatif (m)	lakseermiddel	[lakseər·middəl]
alcool (m)	spiritus	[spiritus]
herbe (f) médicinale	geneeskragtige kruie	[χenees·kraχtiχə krœiə]
d'herbes (adj)	kruie-	[krœie-]

L'APPARTEMENT

68. L'appartement

appartement (m)	**woonstel**	[voəŋstəl]
chambre (f)	**kamer**	[kamər]
chambre (f) à coucher	**slaapkamer**	[slāp·kamər]
salle (f) à manger	**eetkamer**	[eət·kamər]
salon (m)	**sitkamer**	[sit·kamər]
bureau (m)	**studeerkamer**	[studeər·kamər]
antichambre (f)	**ingangsportaal**	[inχaŋs·portāl]
salle (f) de bains	**badkamer**	[bad·kamər]
toilettes (f pl)	**toilet**	[tojlet]
plafond (m)	**plafon**	[plafon]
plancher (m)	**vloer**	[flur]
coin (m)	**hoek**	[huk]

69. Les meubles. L'intérieur

meubles (m pl)	**meubels**	[møəbɛls]
table (f)	**tafel**	[tafel]
chaise (f)	**stoel**	[stul]
lit (m)	**bed**	[bet]
canapé (m)	**rusbank**	[rusbank]
fauteuil (m)	**gemakstoel**	[χemak·stul]
bibliothèque (f) (meuble)	**boekkas**	[buk·kas]
rayon (m)	**rak**	[rak]
armoire (f)	**klerekas**	[klerə·kas]
patère (f)	**kapstok**	[kapstok]
portemanteau (m)	**kapstok**	[kapstok]
commode (f)	**laaikas**	[lājkas]
table (f) basse	**koffietafel**	[koffi·tafəl]
miroir (m)	**spieêl**	[spiɛl]
tapis (m)	**mat**	[mat]
petit tapis (m)	**matjie**	[maki]
cheminée (f)	**vuurherd**	[fɪr·hert]
bougie (f)	**kers**	[kers]
chandelier (m)	**kandelaar**	[kandelār]
rideaux (m pl)	**gordyne**	[χordajnə]
papier (m) peint	**muurpapier**	[mɪr·papir]

jalousie (f)	blindings	[blindiŋs]
lampe (f) de table	tafellamp	[tafel·lamp]
applique (f)	muurlamp	[mɪr·lamp]
lampadaire (m)	staanlamp	[stān·lamp]
lustre (m)	kroonlugter	[kroən·luχtər]
pied (m) (~ de la table)	poot	[poət]
accoudoir (m)	armleuning	[arm·løəniŋ]
dossier (m)	rugleuning	[ruχ·løəniŋ]
tiroir (m)	laai	[lāi]

70. La literie

linge (m) de lit	beddegoed	[beddə·χut]
oreiller (m)	kussing	[kussiŋ]
taie (f) d'oreiller	kussingsloop	[kussiŋ·sloəp]
couverture (f)	duvet	[dufet]
drap (m)	laken	[laken]
couvre-lit (m)	bedsprei	[bed·spræj]

71. La cuisine

cuisine (f)	kombuis	[kombœis]
gaz (m)	gas	[χas]
cuisinière (f) à gaz	gasstoof	[χas·stoəf]
cuisinière (f) électrique	elektriese stoof	[elektrisə stoəf]
four (m)	oond	[oent]
four (m) micro-ondes	mikrogolfoond	[mikroχolf·oent]
réfrigérateur (m)	yskas	[ajs·kas]
congélateur (m)	vrieskas	[friskas]
lave-vaisselle (m)	skottelgoedwasser	[skottɛlχud·wassər]
hachoir (m) à viande	vleismeul	[flæjs·møəl]
centrifugeuse (f)	versapper	[fersappər]
grille-pain (m)	broodrooster	[broəd·roəstər]
batteur (m)	menger	[meŋər]
machine (f) à café	koffiemasjien	[koffi·maʃin]
cafetière (f)	koffiepot	[koffi·pot]
moulin (m) à café	koffiemeul	[koffi·møəl]
bouilloire (f)	fluitketel	[flœit·ketəl]
théière (f)	teepot	[tee·pot]
couvercle (m)	deksel	[deksəl]
passoire (f) à thé	teesiffie	[tee·siffi]
cuillère (f)	lepel	[lepəl]
petite cuillère (f)	teelepeltjie	[tee·lepəlki]
cuillère (f) à soupe	soplepel	[sop·lepəl]
fourchette (f)	vurk	[furk]
couteau (m)	mes	[mes]

vaisselle (f)	tafelgerei	[tafel·ɣeræj]
assiette (f)	bord	[bort]
soucoupe (f)	piering	[piriŋ]

verre (m) à shot	likeurglas	[likøər·ɣlas]
verre (m) (~ d'eau)	glas	[ɣlas]
tasse (f)	koppie	[koppi]

sucrier (m)	suikerpot	[sœikər·pot]
salière (f)	soutvaatjie	[sæʊt·fãki]
poivrière (f)	pepervaatjie	[pepər·fãki]
beurrier (m)	botterbakkie	[bottər·bakki]

casserole (f)	soppot	[sop·pot]
poêle (f)	braaipan	[brãj·pan]
louche (f)	opskeplepel	[opskep·lepəl]
passoire (f)	vergiet	[ferχit]
plateau (m)	skinkbord	[skink·bort]

bouteille (f)	bottel	[bottəl]
bocal (m) (à conserves)	fles	[fles]
boîte (f) en fer-blanc	blikkie	[blikki]

ouvre-bouteille (m)	botteloopmaker	[bottəl·oəpmakər]
ouvre-boîte (m)	blikoopmaker	[blik·oəpmakər]
tire-bouchon (m)	kurktrekker	[kurk·trɛkkər]
filtre (m)	filter	[filtər]
filtrer (vt)	filter	[filtər]

| ordures (f pl) | vullis | [fullis] |
| poubelle (f) | vullisbak | [fullis·bak] |

72. La salle de bains

salle (f) de bains	badkamer	[bad·kamər]
eau (f)	water	[vatər]
robinet (m)	kraan	[krãn]
eau (f) chaude	warme water	[varmə vatər]
eau (f) froide	koue water	[kæʊə vatər]

dentifrice (m)	tandepasta	[tandə·pasta]
se brosser les dents	tande borsel	[tandə borsəl]
brosse (f) à dents	tandeborsel	[tandə·borsəl]

se raser (vp)	skeer	[skeər]
mousse (f) à raser	skeerroom	[skeər·roəm]
rasoir (m)	skeermes	[skeər·mes]

laver (vt)	was	[vas]
se laver (vp)	bad	[bat]
douche (f)	stort	[stort]
prendre une douche	stort	[stort]
baignoire (f)	bad	[bat]
cuvette (f)	toilet	[tojlet]

lavabo (m)	wasbak	[vas·bak]
savon (m)	seep	[seəp]
porte-savon (m)	seepbakkie	[seəp·bakki]

éponge (f)	spons	[spɔŋs]
shampooing (m)	sjampoe	[ʃampu]
serviette (f)	handdoek	[handduk]
peignoir (m) de bain	badjas	[batjas]

lessive (f) (faire la ~)	was	[vas]
machine (f) à laver	wasmasjien	[vas·maʃin]
faire la lessive	die wasgoed was	[di vasχut vas]
lessive (f) (poudre)	waspoeier	[vas·pujer]

73. Les appareils électroménagers

téléviseur (m)	TV-stel	[te·fe-stəl]
magnétophone (m)	bandspeler	[band·spelər]
magnétoscope (m)	videomasjien	[video·maʃin]
radio (f)	radio	[radio]
lecteur (m)	speler	[spelər]

vidéoprojecteur (m)	videoprojektor	[video·projektor]
home cinéma (m)	tuisfliekteater	[tœis·flik·teatər]
lecteur DVD (m)	DVD-speler	[de·fe·de-spelər]
amplificateur (m)	versterker	[fersterkər]
console (f) de jeux	videokonsole	[video·kɔŋsolə]

caméscope (m)	videokamera	[video·kamera]
appareil (m) photo	kamera	[kamera]
appareil (m) photo numérique	digitale kamera	[diχitalə kamera]

aspirateur (m)	stofsuier	[stof·sœiər]
fer (m) à repasser	strykyster	[strajk·ajstər]
planche (f) à repasser	strykplank	[strajk·plank]

téléphone (m)	telefoon	[telefoən]
portable (m)	selfoon	[sɛlfoən]
machine (f) à écrire	tikmasjien	[tik·maʃin]
machine (f) à coudre	naaimasjien	[naj·maʃin]

micro (m)	mikrofoon	[mikrofoən]
écouteurs (m pl)	koptelefoon	[kop·telefoən]
télécommande (f)	afstandsbeheer	[afstands·beheər]

CD (m)	CD	[se·de]
cassette (f)	kasset	[kasset]
disque (m) (vinyle)	plaat	[plãt]

LA TERRE. LE TEMPS

74. L'espace cosmique

cosmos (m)	kosmos	[kosmos]
cosmique (adj)	kosmies	[kosmis]
espace (m) cosmique	buitenste ruimte	[bœitɛnstə rajmtə]
monde (m)	wêreld	[værɛlt]
univers (m)	heelal	[heəlal]
galaxie (f)	sterrestelsel	[sterrə·stɛlsəl]
étoile (f)	ster	[ster]
constellation (f)	sterrebeeld	[sterrə·beəlt]
planète (f)	planeet	[planeət]
satellite (m)	satelliet	[satɛllit]
météorite (m)	meteoriet	[meteorit]
comète (f)	komeet	[komeət]
astéroïde (m)	asteroïed	[asteroïət]
orbite (f)	baan	[bãn]
tourner (vi)	draai	[drãi]
atmosphère (f)	atmosfeer	[atmosfeər]
Soleil (m)	die Son	[di son]
système (m) solaire	sonnestelsel	[sonnə·stɛlsəl]
éclipse (f) de soleil	sonsverduistering	[sɔŋs·ferdœisteriŋ]
Terre (f)	die Aarde	[di ãrdə]
Lune (f)	die Maan	[di mãn]
Mars (m)	Mars	[mars]
Vénus (f)	Venus	[fenus]
Jupiter (m)	Jupiter	[jupitər]
Saturne (m)	Saturnus	[saturnus]
Mercure (m)	Mercurius	[merkurius]
Uranus (m)	Uranus	[uranus]
Neptune	Neptunus	[neptunus]
Pluton (m)	Pluto	[pluto]
la Voie Lactée	Melkweg	[melk·weχ]
la Grande Ours	Groot Beer	[χroət beər]
la Polaire	Poolster	[poəl·stər]
martien (m)	marsbewoner	[mars·bevonər]
extraterrestre (m)	buiteaardse wese	[bœitə·ãrdsə vesə]
alien (m)	ruimtewese	[rœimtə·vesə]

soucoupe (f) volante	vlieënde skottel	[flicndə skottəl]
vaisseau (m) spatial	ruimteskip	[rœimtə·skip]
station (f) orbitale	ruimtestasie	[rœimtə·stasi]
lancement (m)	vertrek	[fertrek]
moteur (m)	enjin	[ɛndʒin]
tuyère (f)	uitlaatpyp	[œitlãt·pajp]
carburant (m)	brandstof	[brantstof]
cabine (f)	stuurkajuit	[stɪr·kajœit]
antenne (f)	lugdraad	[luχdrãt]
hublot (m)	patryspoort	[patrajs·poərt]
batterie (f) solaire	sonpaneel	[son·paneəl]
scaphandre (m)	ruimtepak	[rœimtə·pak]
apesanteur (f)	gewigloosheid	[χeviχloəshæjt]
oxygène (m)	suurstof	[sɪrstof]
arrimage (m)	koppeling	[koppeliŋ]
s'arrimer à ...	koppel	[koppəl]
observatoire (m)	observatorium	[observatorium]
télescope (m)	teleskoop	[teleskoəp]
observer (vt)	waarneem	[vãrneəm]
explorer (un cosmos)	eksploreer	[ɛksploreər]

75. La Terre

Terre (f)	die Aarde	[di ãrdə]
globe (m) terrestre	die aardbol	[di ãrdbol]
planète (f)	planeet	[planeət]
atmosphère (f)	atmosfeer	[atmosfeər]
géographie (f)	geografie	[χeoχrafi]
nature (f)	natuur	[natɪr]
globe (m) de table	aardbol	[ãrd·bol]
carte (f)	kaart	[kãrt]
atlas (m)	atlas	[atlas]
Europe (f)	Europa	[øəropa]
Asie (f)	Asië	[asiɛ]
Afrique (f)	Afrika	[afrika]
Australie (f)	Australië	[oustraliɛ]
Amérique (f)	Amerika	[amerika]
Amérique (f) du Nord	Noord-Amerika	[noərd-amerika]
Amérique (f) du Sud	Suid-Amerika	[sœid-amerika]
l'Antarctique (m)	Suidpool	[sœid·poəl]
l'Arctique (m)	Noordpool	[noərd·poəl]

76. Les quatre parties du monde

nord (m)	**noorde**	[noərdə]
vers le nord	**na die noorde**	[na di noərdə]
au nord	**in die noorde**	[in di noərdə]
du nord (adj)	**noordelik**	[noərdəlik]
sud (m)	**suide**	[sœidə]
vers le sud	**na die suide**	[na di sœidə]
au sud	**in die suide**	[in di sœidə]
du sud (adj)	**suidelik**	[sœidəlik]
ouest (m)	**weste**	[vestə]
vers l'occident	**na die weste**	[na di vestə]
à l'occident	**in die weste**	[in di vestə]
occidental (adj)	**westelik**	[vestelik]
est (m)	**ooste**	[oəstə]
vers l'orient	**na die ooste**	[na di oəstə]
à l'orient	**in die ooste**	[in di oəstə]
oriental (adj)	**oostelik**	[oəstəlik]

77. Les océans et les mers

mer (f)	**see**	[seə]
océan (m)	**oseaan**	[oseān]
golfe (m)	**golf**	[χolf]
détroit (m)	**straat**	[strāt]
terre (f) ferme	**land**	[lant]
continent (m)	**kontinent**	[kontinent]
île (f)	**eiland**	[æjlant]
presqu'île (f)	**skiereiland**	[skir·æjlant]
archipel (m)	**argipel**	[arχipəl]
baie (f)	**baai**	[bāi]
port (m)	**hawe**	[havə]
lagune (f)	**strandmeer**	[strand·meər]
cap (m)	**kaap**	[kāp]
atoll (m)	**atol**	[atol]
récif (m)	**rif**	[rif]
corail (m)	**koraal**	[korāl]
récif (m) de corail	**koraalrif**	[korāl·rif]
profond (adj)	**diep**	[dip]
profondeur (f)	**diepte**	[diptə]
abîme (m)	**afgrond**	[afχront]
fosse (f) océanique	**trog**	[troχ]
courant (m)	**stroming**	[stromiŋ]
baigner (vt) (mer)	**omring**	[omriŋ]

| littoral (m) | oewer | [uvər] |
| côte (f) | kus | [kus] |

marée (f) haute	hoogwater	[hoəχ·vatər]
marée (f) basse	laagwater	[lāχ·vatər]
banc (m) de sable	sandbank	[sand·bank]
fond (m)	bodem	[bodem]

vague (f)	golf	[χolf]
crête (f) de la vague	kruin	[krœin]
mousse (f)	skuim	[skœim]

tempête (f) en mer	storm	[storm]
ouragan (m)	orkaan	[orkān]
tsunami (m)	tsunami	[tsunami]
calme (m)	windstilte	[vindstiltə]
calme (tranquille)	kalm	[kalm]

| pôle (m) | pool | [poəl] |
| polaire (adj) | polêr | [polær] |

latitude (f)	breedtegraad	[breədtə·χrāt]
longitude (f)	lengtegraad	[leŋtə·χrāt]
parallèle (f)	parallel	[paralləl]
équateur (m)	ewenaar	[ɛvenār]

ciel (m)	hemel	[heməl]
horizon (m)	horison	[horison]
air (m)	lug	[luχ]

phare (m)	vuurtoring	[fɪrtoriŋ]
plonger (vi)	duik	[dœik]
sombrer (vi)	sink	[sink]
trésor (m)	skatte	[skattə]

78. Les noms des mers et des océans

océan (m) Atlantique	Atlantiese oseaan	[atlantisə oseān]
océan (m) Indien	Indiese Oseaan	[indisə oseān]
océan (m) Pacifique	Stille Oseaan	[stillə oseān]
océan (m) Glacial	Noordelike Yssee	[noərdelikə ajs·see]

mer (f) Noire	Swart See	[swart see]
mer (f) Rouge	Rooi See	[roj see]
mer (f) Jaune	Geel See	[χeəl see]
mer (f) Blanche	Witsee	[vit·see]

mer (f) Caspienne	Kaspiese See	[kaspisə see]
mer (f) Morte	Dooie See	[dojə see]
mer (f) Méditerranée	Middellandse See	[middəllandsə see]

mer (f) Égée	Egeïese See	[ɛχejesə see]
mer (f) Adriatique	Adriatiese See	[adriatisə see]
mer (f) Arabique	Arabiese See	[arabisə see]

mer (f) du Japon	Japanse See	[japaŋsə seə]
mer (f) de Béring	Beringsee	[beriŋ·seə]
mer (f) de Chine Méridionale	Suid-Sjinese See	[sœid-ʃinesə seə]
mer (f) de Corail	Koraalsee	[korāl·seə]
mer (f) de Tasman	Tasmansee	[tasmaŋ·seə]
mer (f) Caraïbe	Karibiese See	[karibisə seə]
mer (f) de Barents	Barentssee	[barents·seə]
mer (f) de Kara	Karasee	[kara·seə]
mer (f) du Nord	Noordsee	[noərd·seə]
mer (f) Baltique	Baltiese See	[baltisə seə]
mer (f) de Norvège	Noorse See	[noərsə seə]

79. Les montagnes

montagne (f)	berg	[berχ]
chaîne (f) de montagnes	bergreeks	[berχ·reəks]
crête (f)	bergrug	[berχ·ruχ]
sommet (m)	top	[top]
pic (m)	piek	[pik]
pied (m)	voet	[fut]
pente (f)	helling	[hɛlliŋ]
volcan (m)	vulkaan	[fulkān]
volcan (m) actif	aktiewe vulkaan	[aktive fulkān]
volcan (m) éteint	rustende vulkaan	[rustendə fulkān]
éruption (f)	uitbarsting	[œitbarstiŋ]
cratère (m)	krater	[kratər]
magma (m)	magma	[maχma]
lave (f)	lawa	[lava]
en fusion (lave ~)	gloeiende	[χlujendə]
canyon (m)	diepkloof	[dip·kloəf]
défilé (m) (gorge)	kloof	[kloəf]
crevasse (f)	skeur	[skøər]
précipice (m)	afgrond	[afχront]
col (m) de montagne	bergpas	[berχ·pas]
plateau (m)	plato	[plato]
rocher (m)	krans	[kraŋs]
colline (f)	kop	[kop]
glacier (m)	gletser	[χletsər]
chute (f) d'eau	waterval	[vatər·fal]
geyser (m)	geiser	[χæjsər]
lac (m)	meer	[meər]
plaine (f)	vlakte	[flaktə]
paysage (m)	landskap	[landskap]
écho (m)	eggo	[ɛχχo]

alpiniste (m)	**alpinis**	[alpinis]
varappeur (m)	**bergklimmer**	[berχ·klimmər]
conquérir (vt)	**baasraak**	[bāsrāk]
ascension (f)	**beklimming**	[beklimmiŋ]

80. Les noms des chaînes de montagne

Alpes (f pl)	**die Alpe**	[di alpə]
Mont Blanc (m)	**Mont Blanc**	[mon blan]
Pyrénées (f pl)	**die Pireneë**	[di pirenɛ]
Carpates (f pl)	**die Karpate**	[di karpatə]
Monts Oural (m pl)	**die Oeralgebergte**	[di ural·χəberχtə]
Caucase (m)	**die Koukasus Gebergte**	[di kæʊkasus χəberχtə]
Elbrous (m)	**Elbroes**	[ɛlbrus]
Altaï (m)	**die Altai-gebergte**	[di altaj·χəberχtə]
Tian Chan (m)	**die Tian Shan**	[di tian ʃan]
Pamir (m)	**die Pamir**	[di pamir]
Himalaya (m)	**die Himalajas**	[di himalajas]
Everest (m)	**Everest**	[ɛverest]
Andes (f pl)	**die Andes**	[di andes]
Kilimandjaro (m)	**Kilimanjaro**	[kilimandʒaro]

81. Les fleuves

rivière (f), fleuve (m)	**rivier**	[rifir]
source (f)	**bron**	[bron]
lit (m) (d'une rivière)	**rivierbed**	[rifir·bet]
bassin (m)	**stroomgebied**	[stroəm·χebit]
se jeter dans ...	**uitmond in ...**	[œitmont in ...]
affluent (m)	**syrivier**	[saj·rifir]
rive (f)	**oewer**	[uvər]
courant (m)	**stroming**	[stromiŋ]
en aval	**stroomafwaarts**	[stroəm·afvārts]
en amont	**stroomopwaarts**	[stroəm·opvārts]
inondation (f)	**oorstroming**	[oərstromiŋ]
les grandes crues	**oorstroming**	[oərstromiŋ]
déborder (vt)	**oor sy walle loop**	[oər saj vallə loəp]
inonder (vt)	**oorstroom**	[oərstroəm]
bas-fond (m)	**sandbank**	[sand·bank]
rapide (m)	**stroomversnellings**	[stroəm·fersnɛlliŋs]
barrage (m)	**damwal**	[dam·wal]
canal (m)	**kanaal**	[kanāl]
lac (m) de barrage	**opgaardam**	[opχār·dam]
écluse (f)	**sluis**	[slœis]

plan (m) d'eau	**dam**	[dam]
marais (m)	**moeras**	[muras]
fondrière (f)	**vlei**	[flæj]
tourbillon (m)	**draaikolk**	[drāj·kolk]
ruisseau (m)	**spruit**	[sprœit]
potable (adj)	**drink-**	[drink-]
douce (l'eau ~)	**vars**	[fars]
glace (f)	**ys**	[ajs]
être gelé	**bevries**	[befris]

82. Les noms des fleuves

Seine (f)	**Seine**	[sæjn]
Loire (f)	**Loire**	[lua:r]
Tamise (f)	**Teems**	[tems]
Rhin (m)	**Ryn**	[rajn]
Danube (m)	**Donau**	[donɔu]
Volga (f)	**Wolga**	[volga]
Don (m)	**Don**	[don]
Lena (f)	**Lena**	[lena]
Huang He (m)	**Geel Rivier**	[χeəl rifir]
Yangzi Jiang (m)	**Blou Rivier**	[blæʊ rifir]
Mékong (m)	**Mekong**	[mekoŋ]
Gange (m)	**Ganges**	[χaŋəs]
Nil (m)	**Nyl**	[najl]
Congo (m)	**Kongorivier**	[kongo·rifir]
Okavango (m)	**Okavango**	[okavango]
Zambèze (m)	**Zambezi**	[sambesi]
Limpopo (m)	**Limpopo**	[limpopo]
Mississippi (m)	**Mississippi**	[mississippi]

83. La forêt

forêt (f)	**bos**	[bos]
forestier (adj)	**bos-**	[bos-]
fourré (m)	**woud**	[væʊt]
bosquet (m)	**boord**	[boərt]
clairière (f)	**oopte**	[oəptə]
broussailles (f pl)	**struikgewas**	[strœik·χevas]
taillis (m)	**struikveld**	[strœik·fɛlt]
sentier (m)	**paadjie**	[pādʒi]
ravin (m)	**donga**	[donχa]
arbre (m)	**boom**	[boəm]

feuille (f)	**blaar**	[blār]
feuillage (m)	**blare**	[blarə]
chute (f) de feuilles	**val van die blare**	[fal fan di blarə]
tomber (feuilles)	**val**	[fal]
sommet (m)	**boomtop**	[boəm·top]
rameau (m)	**tak**	[tak]
branche (f)	**tak**	[tak]
bourgeon (m)	**knop**	[knop]
aiguille (f)	**naald**	[nālt]
pomme (f) de pin	**dennebol**	[dɛnnə·bol]
creux (m)	**holte**	[holtə]
nid (m)	**nes**	[nes]
terrier (m) (~ d'un renard)	**gat**	[χat]
tronc (m)	**stam**	[stam]
racine (f)	**wortel**	[vortəl]
écorce (f)	**bas**	[bas]
mousse (f)	**mos**	[mos]
déraciner (vt)	**ontwortel**	[ontwortəl]
abattre (un arbre)	**omkap**	[omkap]
déboiser (vt)	**ontbos**	[ontbos]
souche (f)	**boomstomp**	[boəm·stomp]
feu (m) de bois	**kampvuur**	[kampfɪr]
incendie (m)	**bosbrand**	[bos·brant]
éteindre (feu)	**blus**	[blus]
garde (m) forestier	**boswagter**	[bos·waχtər]
protection (f)	**beskerming**	[beskermiŋ]
protéger (vt)	**beskerm**	[beskerm]
braconnier (m)	**wildstroper**	[vilt·stropər]
piège (m) à mâchoires	**slagyster**	[slaχ·ajstər]
cueillir (vt)	**pluk**	[pluk]
s'égarer (vp)	**verdwaal**	[ferdwāl]

84. Les ressources naturelles

ressources (f pl) naturelles	**natuurlike bronne**	[natɪrlikə bronnə]
minéraux (m pl)	**minerale**	[mineralə]
gisement (m)	**lae**	[laə]
champ (m) (~ pétrolifère)	**veld**	[fɛlt]
extraire (vt)	**myn**	[majn]
extraction (f)	**myn**	[majn]
minerai (m)	**erts**	[ɛrts]
mine (f) (site)	**myn**	[majn]
puits (m) de mine	**mynskag**	[majn·skaχ]
mineur (m)	**mynwerker**	[majn·werkər]
gaz (m)	**gas**	[χas]

gazoduc (m)	gaspyp	[χas·pajp]
pétrole (m)	olie	[oli]
pipeline (m)	olipypleiding	[oli·pajp·læjdiŋ]
tour (f) de forage	oliebron	[oli·bron]
derrick (m)	boortoring	[boər·toriŋ]
pétrolier (m)	tenkskip	[tɛnk·skip]

sable (m)	sand	[sant]
calcaire (m)	kalksteen	[kalksteən]
gravier (m)	gruis	[χrœis]
tourbe (f)	veengrond	[feənχront]
argile (f)	klei	[klæj]
charbon (m)	steenkool	[steən·koəl]

fer (m)	yster	[ajstər]
or (m)	goud	[χæʊt]
argent (m)	silwer	[silwər]
nickel (m)	nikkel	[nikkəl]
cuivre (m)	koper	[kopər]

zinc (m)	sink	[sink]
manganèse (m)	mangaan	[manχãn]
mercure (m)	kwik	[kwik]
plomb (m)	lood	[loət]

minéral (m)	mineraal	[minerãl]
cristal (m)	kristal	[kristal]
marbre (m)	marmer	[marmər]
uranium (m)	uraan	[urãn]

85. Le temps

temps (m)	weer	[veər]
météo (f)	weersvoorspelling	[veərs·foərspɛlliŋ]
température (f)	temperatuur	[temperatɪr]
thermomètre (m)	termometer	[termometər]
baromètre (m)	barometer	[barometər]

| humide (adj) | klam | [klam] |
| humidité (f) | vogtigheid | [foχtiχæjt] |

chaleur (f) (canicule)	hitte	[hittə]
torride (adj)	heet	[heət]
il fait très chaud	dis vrekwarm	[dis frekvarm]

| il fait chaud | dit is warm | [dit is varm] |
| chaud (modérément) | louwarm | [læʊvarm] |

| il fait froid | dis koud | [dis kæʊt] |
| froid (adj) | koud | [kæʊt] |

soleil (m)	son	[son]
briller (soleil)	skyn	[skajn]
ensoleillé (jour ~)	sonnig	[sonnəχ]

se lever (vp)	**opkom**	[opkom]
se coucher (vp)	**ondergaan**	[ondərχān]
nuage (m)	**wolk**	[volk]
nuageux (adj)	**bewolk**	[bevolk]
nuée (f)	**reënwolk**	[reɛn·wolk]
sombre (adj)	**somber**	[sombər]
pluie (f)	**reën**	[reɛn]
il pleut	**dit reën**	[dit reɛn]
pluvieux (adj)	**reënerig**	[reɛnerəχ]
bruiner (v imp)	**motreën**	[motreɛn]
pluie (f) torrentielle	**stortbui**	[stortbœi]
averse (f)	**reënvlaag**	[reɛn·flāχ]
forte (la pluie ~)	**swaar**	[swār]
flaque (f)	**poeletjie**	[puləki]
se faire mouiller	**nat word**	[nat vort]
brouillard (m)	**mis**	[mis]
brumeux (adj)	**mistig**	[mistəχ]
neige (f)	**sneeu**	[sniʊ]
il neige	**dit sneeu**	[dit sniʊ]

86. Les intempéries. Les catastrophes naturelles

orage (m)	**donderstorm**	[dondər·storm]
éclair (m)	**weerlig**	[veərləχ]
éclater (foudre)	**flits**	[flits]
tonnerre (m)	**donder**	[dondər]
gronder (tonnerre)	**donder**	[dondər]
le tonnerre gronde	**dit donder**	[dit dondər]
grêle (f)	**hael**	[haəl]
il grêle	**dit hael**	[dit haəl]
inonder (vt)	**oorstroom**	[oərstroəm]
inondation (f)	**oorstroming**	[oərstromiŋ]
tremblement (m) de terre	**aardbewing**	[ārd·beviŋ]
secousse (f)	**aardskok**	[ārd·skok]
épicentre (m)	**episentrum**	[ɛpisentrum]
éruption (f)	**uitbarsting**	[œitbarstiŋ]
lave (f)	**lawa**	[lava]
tourbillon (m)	**tornado**	[tornado]
tornade (f)	**tornado**	[tornado]
typhon (m)	**tifoon**	[tifoən]
ouragan (m)	**orkaan**	[orkān]
tempête (f)	**storm**	[storm]
tsunami (m)	**tsunami**	[tsunami]

cyclone (m)	**sikloon**	[sikloən]
intempéries (f pl)	**slegte weer**	[sleχtə veər]
incendie (m)	**brand**	[brant]
catastrophe (f)	**ramp**	[ramp]
météorite (m)	**meteoriet**	[meteorit]
avalanche (f)	**lawine**	[lavinə]
éboulement (m)	**sneeulawine**	[sniʊ·lavinə]
blizzard (m)	**sneeustorm**	[sniʊ·storm]
tempête (f) de neige	**sneeustorm**	[sniʊ·storm]

LA FAUNE

87. Les mammifères. Les prédateurs

prédateur (m)	roofdier	[roef·dir]
tigre (m)	tier	[tir]
lion (m)	leeu	[liʊ]
loup (m)	wolf	[volf]
renard (m)	vos	[fos]
jaguar (m)	jaguar	[jaχuar]
léopard (m)	luiperd	[lœipert]
guépard (m)	jagluiperd	[jaχ·lœipert]
panthère (f)	swart luiperd	[swart lœipert]
puma (m)	poema	[puma]
léopard (m) de neiges	sneeuluiperd	[sniʊ·lœipert]
lynx (m)	los	[los]
coyote (m)	prêriewolf	[præri·volf]
chacal (m)	jakkals	[jakkals]
hyène (f)	hiëna	[hiɛna]

88. Les animaux sauvages

animal (m)	dier	[dir]
bête (f)	beest	[beəst]
écureuil (m)	eekhoring	[eəkhoriŋ]
hérisson (m)	krimpvarkie	[krimpfarki]
lièvre (m)	hasie	[hasi]
lapin (m)	konyn	[konajn]
blaireau (m)	das	[das]
raton (m)	wasbeer	[vasbeər]
hamster (m)	hamster	[hamstər]
marmotte (f)	marmot	[marmot]
taupe (f)	mol	[mol]
souris (f)	muis	[mœis]
rat (m)	rot	[rot]
chauve-souris (f)	vlermuis	[fler·mœis]
hermine (f)	hermelyn	[hermǝlajn]
zibeline (f)	sabel, sabeldier	[sabǝl], [sabǝl·dir]
martre (f)	marter	[martǝr]
belette (f)	wesel	[vesǝl]
vison (m)	nerts	[nerts]

| castor (m) | bewer | [bevər] |
| loutre (f) | otter | [ottər] |

cheval (m)	perd	[pert]
élan (m)	eland	[ɛlant]
cerf (m)	hert	[hert]
chameau (m)	kameel	[kameəl]

bison (m)	bison	[bison]
aurochs (m)	wisent	[visent]
buffle (m)	buffel	[buffəl]

zèbre (m)	sebra, kwagga	[sebra], [kwaχχa]
antilope (f)	wildsbok	[vilds·bok]
chevreuil (m)	reebok	[reəbok]
biche (f)	damhert	[damhert]
chamois (m)	gems	[χems]
sanglier (m)	wildevark	[vildə·fark]

baleine (f)	walvis	[valfis]
phoque (m)	seehond	[seə·hont]
morse (m)	walrus	[valrus]
ours (m) de mer	seebeer	[seə·beər]
dauphin (m)	dolfyn	[dolfajn]

ours (m)	beer	[beər]
ours (m) blanc	ysbeer	[ajs·beər]
panda (m)	panda	[panda]

singe (m)	aap	[āp]
chimpanzé (m)	sjimpansee	[ʃimpaŋseə]
orang-outang (m)	orangoetang	[oranχutaŋ]
gorille (m)	gorilla	[χorilla]
macaque (m)	makaak	[makāk]
gibbon (m)	gibbon	[χibbon]

éléphant (m)	olifant	[olifant]
rhinocéros (m)	renoster	[renostər]
girafe (f)	kameelperd	[kameəl·pert]
hippopotame (m)	seekoei	[seə·kui]

| kangourou (m) | kangaroe | [kanχaru] |
| koala (m) | koala | [koala] |

mangouste (f)	muishond	[mœis·hont]
chinchilla (m)	chinchilla, tjintjilla	[tʃin·tʃila]
mouffette (f)	stinkmuishond	[stinkmœis·hont]
porc-épic (m)	ystervark	[ajstər·fark]

89. Les animaux domestiques

chat (m) (femelle)	kat	[kat]
chat (m) (mâle)	kater	[katər]
chien (m)	hond	[hont]

cheval (m)	perd	[pert]
étalon (m)	hings	[hiŋs]
jument (f)	merrie	[merri]
vache (f)	koei	[kui]
taureau (m)	bul	[bul]
bœuf (m)	os	[os]
brebis (f)	skaap	[skāp]
mouton (m)	ram	[ram]
chèvre (f)	bok	[bok]
bouc (m)	bokram	[bok·ram]
âne (m)	donkie, esel	[donki], [eisəl]
mulet (m)	muil	[mœil]
cochon (m)	vark	[fark]
pourceau (m)	varkie	[farki]
lapin (m)	konyn	[konajn]
poule (f)	hoender, hen	[hundər], [hen]
coq (m)	haan	[hān]
canard (m)	eend	[eent]
canard (m) mâle	mannetjieseend	[mannəkis·eent]
oie (f)	gans	[χaŋs]
dindon (m)	kalkoenmannetjie	[kalkun·mannəki]
dinde (f)	kalkoen	[kalkun]
animaux (m pl) domestiques	huisdiere	[hœis·dirə]
apprivoisé (adj)	mak	[mak]
apprivoiser (vt)	mak maak	[mak māk]
élever (vt)	teel	[teəl]
ferme (f)	plaas	[plās]
volaille (f)	pluimvee	[plœimfeə]
bétail (m)	beeste	[beəstə]
troupeau (m)	kudde	[kuddə]
écurie (f)	stal	[stal]
porcherie (f)	varkstal	[fark·stal]
vacherie (f)	koeistal	[kui·stal]
cabane (f) à lapins	konynehok	[konajnə·hok]
poulailler (m)	hoenderhok	[hundər·hok]

90. Les oiseaux

oiseau (m)	voël	[foɛl]
pigeon (m)	duif	[dœif]
moineau (m)	mossie	[mossi]
mésange (f)	mees	[meəs]
pie (f)	ekster	[ɛkstər]
corbeau (m)	raaf	[rāf]

corneille (f)	kraai	[krãi]
choucas (m)	kerkkraai	[kerk·krãi]
freux (m)	roek	[ruk]
canard (m)	eend	[eent]
oie (f)	gans	[χaŋs]
faisan (m)	fisant	[fisant]
aigle (m)	arend	[arɛnt]
épervier (m)	sperwer	[sperwər]
faucon (m)	valk	[falk]
vautour (m)	aasvoël	[āsfoɛl]
condor (m)	kondor	[kondor]
cygne (m)	swaan	[swãn]
grue (f)	kraanvoël	[krãn·foɛl]
cigogne (f)	ooievaar	[ojefãr]
perroquet (m)	papegaai	[papəχãi]
colibri (m)	kolibrie	[kolibri]
paon (m)	pou	[pæʊ]
autruche (f)	volstruis	[folstrœis]
héron (m)	reier	[ræjer]
flamant (m)	flamink	[flamink]
pélican (m)	pelikaan	[pelikãn]
rossignol (m)	nagtegaal	[naχteχãl]
hirondelle (f)	swael	[swaəl]
merle (m)	lyster	[lajstər]
grive (f)	sanglyster	[saŋlajstər]
merle (m) noir	merel	[merəl]
martinet (m)	windswael	[vindswaəl]
alouette (f) des champs	lewerik	[leverik]
caille (f)	kwartel	[kwartəl]
pivert (m)	speg	[speχ]
coucou (m)	koekoek	[kukuk]
chouette (f)	uil	[œil]
hibou (m)	ooruil	[oərœil]
tétras (m)	auerhoen	[ɔuer·hun]
tétras-lyre (m)	korhoen	[korhun]
perdrix (f)	patrys	[patrajs]
étourneau (m)	spreeu	[spriʊ]
canari (m)	kanarie	[kanari]
gélinotte (f) des bois	bonasa hoen	[bonasa hun]
pinson (m)	gryskoppie	[χrajskoppi]
bouvreuil (m)	bloedvink	[bludfink]
mouette (f)	seemeeu	[seəmiʊ]
albatros (m)	albatros	[albatros]
pingouin (m)	pikkewyn	[pikkəvajn]

91. Les poissons. Les animaux marins

brème (f)	brasem	[brasem]
carpe (f)	karp	[karp]
perche (f)	baars	[bãrs]
silure (m)	katvis, seebaber	[katfis], [seə·babər]
brochet (m)	snoek	[snuk]

saumon (m)	salm	[salm]
esturgeon (m)	steur	[støər]

hareng (m)	haring	[hariŋ]
saumon (m) atlantique	atlantiese salm	[atlantisə salm]
maquereau (m)	makriel	[makril]
flet (m)	platvis	[platfis]

sandre (f)	varswatersnoek	[farswatər·snuk]
morue (f)	kabeljou	[kabeljæʊ]
thon (m)	tuna	[tuna]
truite (f)	forel	[forəl]

anguille (f)	paling	[paliŋ]
torpille (f)	drilvis	[drilfis]
murène (f)	bontpaling	[bontpaliŋ]
piranha (m)	piranha	[piranha]

requin (m)	haai	[hãi]
dauphin (m)	dolfyn	[dolfajn]
baleine (f)	walvis	[valfis]

crabe (m)	krap	[krap]
méduse (f)	jellievis	[jelli·fis]
pieuvre (f), poulpe (m)	seekat	[seə·kat]

étoile (f) de mer	seester	[seə·stər]
oursin (m)	see-egel, seekastaiing	[seə·eχel], [seə·kastajiŋ]
hippocampe (m)	seeperdjie	[seə·perdʒi]

huître (f)	oester	[ustər]
crevette (f)	garnaal	[χarnãl]
homard (m)	kreef	[kreəf]
langoustine (f)	seekreef	[seə·kreəf]

92. Les amphibiens. Les reptiles

serpent (m)	slang	[slaŋ]
venimeux (adj)	giftig	[χiftəχ]

vipère (f)	adder	[addər]
cobra (m)	kobra	[kobra]
python (m)	luislang	[lœislaŋ]
boa (m)	boa, konstriktorslang	[boa], [kɔnstriktor·slaŋ]
couleuvre (f)	ringslang	[riŋ·slaŋ]

| serpent (m) à sonnettes | ratelslang | [ratəl·slaŋ] |
| anaconda (m) | anakonda | [anakonda] |

lézard (m)	akkedis	[akkedis]
iguane (m)	leguaan	[leχuān]
varan (m)	likkewaan	[likkevān]
salamandre (f)	salamander	[salamandər]
caméléon (m)	verkleurmannetjie	[fərkløər·manneki]
scorpion (m)	skerpioen	[skerpiun]

tortue (f)	skilpad	[skilpat]
grenouille (f)	padda	[padda]
crapaud (m)	brulpadda	[brul·padda]
crocodile (m)	krokodil	[krokodil]

93. Les insectes

insecte (m)	insek	[insek]
papillon (m)	skoenlapper	[skunlappər]
fourmi (f)	mier	[mir]
mouche (f)	vlieg	[fliχ]
moustique (m)	muskiet	[muskit]
scarabée (m)	kewer	[kevər]

guêpe (f)	perdeby	[perdə·baj]
abeille (f)	by	[baj]
bourdon (m)	hommelby	[homməl·baj]
œstre (m)	perdevlieg	[perdə·fliχ]

| araignée (f) | spinnekop | [spinnə·kop] |
| toile (f) d'araignée | spinnerak | [spinnə·rak] |

libellule (f)	naaldekoker	[nāldə·kokər]
sauterelle (f)	sprinkaan	[sprinkān]
papillon (m)	mot	[mot]

cafard (m)	kakkerlak	[kakkerlak]
tique (f)	bosluis	[boslœis]
puce (f)	vlooi	[floj]
moucheron (m)	muggie	[muχχi]

criquet (m)	treksprinkhaan	[trek·sprinkhān]
escargot (m)	slak	[slak]
grillon (m)	kriek	[krik]
luciole (f)	vuurvliegie	[fɪrfliχi]
coccinelle (f)	lieweheersbesie	[livehɛərs·besi]
hanneton (m)	lentekewer	[lentekevər]

sangsue (f)	bloedsuier	[blud·sœiər]
chenille (f)	ruspe	[ruspə]
ver (m)	erdwurm	[ɛrd·vurm]
larve (f)	larwe	[larvə]

LA FLORE

94. Les arbres

arbre (m)	boom	[boəm]
à feuilles caduques	bladwisselend	[bladwisselent]
conifère (adj)	kegeldraend	[keχɛldraent]
à feuilles persistantes	immergroen	[immərχrun]
pommier (m)	appelboom	[appɛl·boəm]
poirier (m)	peerboom	[peər·boəm]
merisier (m)	soetkersieboom	[sutkersi·boəm]
cerisier (m)	suurkersieboom	[sɪrkersi·boəm]
prunier (m)	pruimeboom	[prœimə·boəm]
bouleau (m)	berk	[berk]
chêne (m)	eik	[æjk]
tilleul (m)	lindeboom	[lində·boəm]
tremble (m)	trilpopulier	[trilpopulir]
érable (m)	esdoring	[ɛsdoriŋ]
épicéa (m)	spar	[spar]
pin (m)	denneboom	[dɛnnə·boəm]
mélèze (m)	lorkeboom	[lorkə·boəm]
sapin (m)	den	[den]
cèdre (m)	seder	[sedər]
peuplier (m)	populier	[populir]
sorbier (m)	lysterbessie	[lajstərbɛssi]
saule (m)	wilger	[vilχər]
aune (m)	els	[ɛls]
hêtre (m)	beuk	[bøək]
orme (m)	olm	[olm]
frêne (m)	esboom	[ɛs·boəm]
marronnier (m)	kastaiing	[kastajiŋ]
magnolia (m)	magnolia	[maχnolia]
palmier (m)	palm	[palm]
cyprès (m)	sipres	[sipres]
palétuvier (m)	wortelboom	[vortəl·boəm]
baobab (m)	kremetart	[kremetart]
eucalyptus (m)	bloekom	[blukom]
séquoia (m)	mammoetboom	[mammut·boəm]

95. Les arbustes

buisson (m)	struik	[strœik]
arbrisseau (m)	bossie	[bossi]

| vigne (f) | wingerdstok | [viŋərd·stok] |
| vigne (f) (vignoble) | wingerd | [viŋərt] |

framboise (f)	framboosstruik	[framboəs·strœik]
cassis (m)	swartbessiestruik	[swartbɛssi·strœik]
groseille (f) rouge	rooi aalbessiestruik	[roj ālbɛssi·strœik]
groseille (f) verte	appelliefiestruik	[appɛllifi·strœik]

acacia (m)	akasia	[akasia]
berbéris (m)	suurbessie	[sɪr·bɛssi]
jasmin (m)	jasmyn	[jasmajn]

genévrier (m)	jenewer	[jenevər]
rosier (m)	roosstruik	[roəs·strœik]
églantier (m)	hondsroos	[honds·roəs]

96. Les fruits. Les baies

| fruit (m) | vrug | [fruχ] |
| fruits (m pl) | vrugte | [fruχtə] |

pomme (f)	appel	[appəl]
poire (f)	peer	[peər]
prune (f)	pruim	[prœim]

fraise (f)	aarbei	[ārbæj]
cerise (f)	suurkersie	[sɪr·kersi]
merise (f)	soetkersie	[sut·kersi]
raisin (m)	druif	[drœif]

framboise (f)	framboos	[framboəs]
cassis (m)	swartbessie	[swartbɛssi]
groseille (f) rouge	rooi aalbessie	[roj ālbɛssi]
groseille (f) verte	appelliefie	[appɛllifi]
canneberge (f)	bosbessie	[bosbɛssi]

orange (f)	lemoen	[lemun]
mandarine (f)	nartjie	[narki]
ananas (m)	pynappel	[pajnappəl]
banane (f)	piesang	[pisaŋ]
datte (f)	dadel	[dadəl]

citron (m)	suurlemoen	[sɪr·lemun]
abricot (m)	appelkoos	[appɛlkoəs]
pêche (f)	perske	[perskə]

| kiwi (m) | kiwi, kiwivrug | [kivi], [kivi·fruχ] |
| pamplemousse (m) | pomelo | [pomelo] |

baie (f)	bessie	[bɛssi]
baies (f pl)	bessies	[bɛssis]
airelle (f) rouge	pryselbessie	[prajsɛlbɛssi]
fraise (f) des bois	wilde aarbei	[vildə ārbæj]
myrtille (f)	bloubessie	[blæʊbɛssi]

97. Les fleurs. Les plantes

fleur (f)	blom	[blom]
bouquet (m)	boeket	[buket]
rose (f)	roos	[roəs]
tulipe (f)	tulp	[tulp]
oeillet (m)	angelier	[anχəlir]
glaïeul (m)	swaardlelie	[swārd·leli]
bleuet (m)	koringblom	[koriŋblom]
campanule (f)	grasklokkie	[χras·klokki]
dent-de-lion (f)	perdeblom	[perdə·blom]
marguerite (f)	kamille	[kamillə]
aloès (m)	aalwyn	[ālwajn]
cactus (m)	kaktus	[kaktus]
ficus (m)	rubberplant	[rubbər·plant]
lis (m)	lelie	[leli]
géranium (m)	malva	[malfa]
jacinthe (f)	hiasint	[hiasint]
mimosa (m)	mimosa	[mimosa]
jonquille (f)	narsing	[narsiŋ]
capucine (f)	kappertjie	[kapperki]
orchidée (f)	orgidee	[orχideə]
pivoine (f)	pinksterroos	[pinkstər·roəs]
violette (f)	viooltjie	[fioəlki]
pensée (f)	gesiggie	[χesiχi]
myosotis (m)	vergeet-my-nietjie	[ferχeət-maj-niki]
pâquerette (f)	madeliefie	[madelifi]
coquelicot (m)	papawer	[papavər]
chanvre (m)	hennep	[hɛnnəp]
menthe (f)	kruisement	[krœisəment]
muguet (m)	dallelie	[dalleli]
perce-neige (f)	sneeuklokkie	[sniʊ·klokki]
ortie (f)	brandnetel	[brant·netəl]
oseille (f)	veldsuring	[fɛltsuriŋ]
nénuphar (m)	waterlelie	[vatər·leli]
fougère (f)	varing	[fariŋ]
lichen (m)	korsmos	[korsmos]
serre (f) tropicale	broeikas	[bruikas]
gazon (m)	grasperk	[χras·perk]
parterre (m) de fleurs	blombed	[blom·bet]
plante (f)	plant	[plant]
herbe (f)	gras	[χras]
brin (m) d'herbe	graspriet	[χras·sprit]

feuille (f)	blaar	[blãr]
pétale (m)	kroonblaar	[kroən·blãr]
tige (f)	stingel	[stiŋəl]
tubercule (m)	knol	[knol]

| pousse (f) | saailing | [sãjliŋ] |
| épine (f) | doring | [doriŋ] |

fleurir (vi)	bloei	[blui]
se faner (vp)	verlep	[ferlep]
odeur (f)	reuk	[røək]
couper (vt)	sny	[snaj]
cueillir (fleurs)	pluk	[pluk]

98. Les céréales

grains (m pl)	graan	[χrãn]
céréales (f pl) (plantes)	graangewasse	[χrãn·χəwassə]
épi (m)	aar	[ãr]

blé (m)	koring	[koriŋ]
seigle (m)	rog	[roχ]
avoine (f)	hawer	[havər]
millet (m)	gierst	[χirst]
orge (f)	gars	[χars]

maïs (m)	mielie	[mili]
riz (m)	rys	[rajs]
sarrasin (m)	bokwiet	[bokwit]

pois (m)	ertjie	[ɛrki]
haricot (m)	nierboon	[nir·boən]
soja (m)	soja	[soja]
lentille (f)	lensie	[lɛŋsi]
fèves (f pl)	boontjies	[boənkis]

LES PAYS DU MONDE

99. Les pays du monde. Partie 1

Afghanistan (m)	Afghanistan	[afχanistan]
Albanie (f)	Albanië	[albaniɛ]
Allemagne (f)	Duitsland	[dœitslant]
Angleterre (f)	Engeland	[ɛŋəlant]
Arabie (f) Saoudite	Saoedi-Arabië	[saudi-arabiɛ]
Argentine (f)	Argentinië	[arχentiniɛ]
Arménie (f)	Armenië	[armeniɛ]
Australie (f)	Australië	[ɔustraliɛ]
Autriche (f)	Oostenryk	[ɔəstenrajk]
Azerbaïdjan (m)	Azerbeidjan	[azerbæjdjan]
Bahamas (f pl)	die Bahamas	[di bahamas]
Bangladesh (m)	Bangladesj	[bangladeʃ]
Belgique (f)	België	[belχiɛ]
Biélorussie (f)	Belarus	[belarus]
Bolivie (f)	Bolivië	[boliviɛ]
Bosnie (f)	Bosnië & Herzegowina	[bosniɛ en hersegovina]
Brésil (m)	Brasilië	[brasiliɛ]
Bulgarie (f)	Bulgarye	[bulχaraje]
Cambodge (m)	Kambodja	[kambodja]
Canada (m)	Kanada	[kanada]
Chili (m)	Chili	[tʃili]
Chine (f)	Sjina	[ʃina]
Chypre (m)	Ciprus	[siprus]
Colombie (f)	Colombia, Kolombië	[kolombia], [kolombiɛ]
Corée (f) du Nord	Noord-Korea	[noərd-korea]
Corée (f) du Sud	Suid-Korea	[sœid-korea]
Croatie (f)	Kroasië	[kroasiɛ]
Cuba (f)	Kuba	[kuba]
Danemark (m)	Denemarke	[denemarkə]
Écosse (f)	Skotland	[skotlant]
Égypte (f)	Egipte	[ɛχiptə]
Équateur (m)	Ecuador	[ɛkuador]
Espagne (f)	Spanje	[spanje]
Estonie (f)	Estland	[ɛstlant]
Les États Unis	Verenigde State van Amerika	[fereniχdə statə fan amerika]
Fédération (f) des Émirats Arabes Unis	Verenigde Arabiese Emirate	[fereniχdə arabisə emiratə]
Finlande (f)	Finland	[finlant]
France (f)	Frankryk	[frankrajk]
Géorgie (f)	Georgië	[χeorχiɛ]
Ghana (m)	Ghana	[χana]

| Grande-Bretagne (f) | Groot-Brittanje | [χroet-brittanje] |
| Grèce (f) | Griekeland | [χrikəlant] |

100. Les pays du monde. Partie 2

| Haïti (m) | Haïti | [haïti] |
| Hongrie (f) | Hongarye | [honχaraje] |

Inde (f)	Indië	[indiɛ]
Indonésie (f)	Indonesië	[indonesiɛ]
Iran (m)	Iran	[iran]
Iraq (m)	Irak	[irak]
Irlande (f)	Ierland	[irlant]
Islande (f)	Ysland	[ajslant]

| Israël (m) | Israel | [israəl] |
| Italie (f) | Italië | [italiɛ] |

Jamaïque (f)	Jamaika	[jamajka]
Japon (m)	Japan	[japan]
Jordanie (f)	Jordanië	[jordaniɛ]
Kazakhstan (m)	Kazakstan	[kasakstan]
Kenya (m)	Kenia	[kenia]

| Kirghizistan (m) | Kirgisië | [kirχisiɛ] |
| Koweït (m) | Kuwait | [kuvajt] |

Laos (m)	Laos	[laos]
Lettonie (f)	Letland	[letlant]
Liban (m)	Libanon	[libanon]
Libye (f)	Libië	[libiɛ]
Liechtenstein (m)	Lichtenstein	[liχtɛŋstejn]

| Lituanie (f) | Litoue | [litæʊə] |
| Luxembourg (m) | Luksemburg | [luksemburχ] |

Macédoine (f)	Masedonië	[masedoniɛ]
Madagascar (f)	Madagaskar	[madaχaskar]
Malaisie (f)	Maleisië	[malæjsiɛ]
Malte (f)	Malta	[malta]
Maroc (m)	Marokko	[marokko]

| Mexique (m) | Meksiko | [meksiko] |
| Moldavie (f) | Moldawië | [moldawiɛ] |

Monaco (m)	Monako	[monako]
Mongolie (f)	Mongolië	[monχoliɛ]
Monténégro (m)	Montenegro	[montənegro]
Myanmar (m)	Myanmar	[mjanmar]
Namibie (f)	Namibië	[namibiɛ]
Népal (m)	Nepal	[nepal]
Norvège (f)	Noorweë	[noərweɛ]
Nouvelle Zélande (f)	Nieu-Seeland	[niu-seəlant]
Ouzbékistan (m)	Oezbekistan	[uzbekistan]

101. Les pays du monde. Partie 3

Pakistan (m)	**Pakistan**	[pakistan]
Palestine (f)	**Palestina**	[palestina]
Panamá (m)	**Panama**	[panama]
Paraguay (m)	**Paraguay**	[paragwaj]
Pays-Bas (m)	**Nederland**	[nedərlant]
Pérou (m)	**Peru**	[peru]
Pologne (f)	**Pole**	[polə]
Polynésie (f) Française	**Frans-Polinesië**	[fraŋs-polinesiɛ]
Portugal (m)	**Portugal**	[portuχal]
République (f) Dominicaine	**Dominikaanse Republiek**	[dominikãŋsə republik]
République (f) Sud-africaine	**Suid-Afrika**	[sœid-afrika]
République (f) Tchèque	**Tjeggië**	[tʃeχiɛ]
Roumanie (f)	**Roemenië**	[rumeniɛ]
Russie (f)	**Rusland**	[ruslant]
Sénégal (m)	**Senegal**	[seneχal]
Serbie (f)	**Serwië**	[serwiɛ]
Slovaquie (f)	**Slowakye**	[slovakaje]
Slovénie (f)	**Slovenië**	[slofeniɛ]
Suède (f)	**Swede**	[swedə]
Suisse (f)	**Switserland**	[switsərlant]
Surinam (m)	**Suriname**	[surinamə]
Syrie (f)	**Sirië**	[siriɛ]
Tadjikistan (m)	**Tadjikistan**	[tadʒikistan]
Taïwan (m)	**Taiwan**	[tajvan]
Tanzanie (f)	**Tanzanië**	[tansaniɛ]
Tasmanie (f)	**Tasmanië**	[tasmaniɛ]
Thaïlande (f)	**Thailand**	[tajlant]
Tunisie (f)	**Tunisië**	[tunisiɛ]
Turkménistan (m)	**Turkmenistan**	[turkmenistan]
Turquie (f)	**Turkye**	[turkaje]
Ukraine (f)	**Oekraïne**	[ukraïnə]
Uruguay (m)	**Uruguay**	[urugwaj]
Vatican (m)	**Vatikaan**	[fatikãn]
Venezuela (f)	**Venezuela**	[fenesuela]
Vietnam (m)	**Viëtnam**	[viɛtnam]
Zanzibar (m)	**Zanzibar**	[zanzibar]

www.ingramcontent.com/pod-product-compliance
Lightning Source LLC
Chambersburg PA
CBHW070833050426
42452CB00011B/2254